Psicodrama, Sociodrama y Sociometría

Vivencias prácticas

Esly Regina Carvalho, Ph.D.

Plaza del Encuentro

2013

Psicodrama, Sociodrama y Sociometría: *Vivencias prácticas*

ISBN-13: 978-1494855710
ISBN-10: 1494855712

Traducción al castellano: Patricia Pareja
Revisión: Jimmy E. Baus
Foto de la autora: Selma Pikcius

Agradecemos el permiso de Dr. Adam Blatner para reproducir los
artículos originalmente publicados en el *Journal of Group Psychotherapy,
Psychodrama and Sociometry*

Plaza del Encuentro

Esly Regina Carvalho, Ph.D.
SEPS 705/905 Ed. Santa Cruz sala 441
70.080-055 Brasília, DF Brasil
www.plazadelencuentro.com
info@plazadelencuentro.com

Índice

Sociodrama en Cuba: Una Invitación a la Libertad,
Esly Regina Carvalho, Ph.D.

Fui invitada a Cuba por un grupo religioso para dar un poco de entrenamiento en el área de consejería. En una de las ciudades que visité fui invitada a dirigir un psicodrama para que los profesionales pudiesen tener más contacto con lo que es el psicodrama. Era un grupo de unas 25 personas: no todas eran religiosas: incluso algunos eran miembros del Partido Comunista (Más tarde yo supe que había dirigido este psicodrama literalmente a la sombra de la sede del Partido Comunista de aquella ciudad.)

Hice un calentamiento sencillo a través de algunos ejercicios a pesar de que yo prefiero hacerlo con dibujos en papel. Sucede que el papel es un artículo de lujo actualmente en Cuba (incluyendo papel higiénico y los pañuelos fáciles), entonces tuvimos que improvisar. Me gusta mucho trabajar con metáforas, entonces pedí a los participantes que completasen la frase, "Yo siento que mi vida es como si fuese..." El grupo eligió como protagonista el joven cuya frase fue, "Yo me siento como un caballo acorralado. Hay muchos obstáculos y no puedo salir. "Considerando la situación política de la isla, el tema no me sorprendió. Por otro lado, yo no quería que el protagonista cometiese un suicidio político y tampoco quería ser gentilmente invitada a dejar el país ya que había sido instruida claramente que los temas políticos no podían ser asunto de pauta.

Pos esas razones, yo proseguí con mucha cautela. LE pedí que estructurase el "corral" y los obstáculos que le impedían ser libre. El mencionó cuatro y pedí que él invirtiese de roles con cada uno: las Instituciones, el Sistema, Mis Contradicciones Internas y las Tradiciones. Comencé a darme cuenta que no podría vencer a estos obstáculos. Todas las miradas estabas fijadas en mí. Entonces decidí acudir a mi varita mágica que uso en caso de emergencias...

"Yo tengo una varita mágica. Puedo dejarlo salir de su corral a que vaya en busca de la libertad, pero con una condición: cuando usted termine, tiene que regresar a la isla". (Resolví hacer esta propuesta porque uno tiene que tener cierta medida de realidad. Yo realmente no podría sacarlo de Cuba, más podría ofrecerle la oportunidad de vivir lo que él imaginaba que sería la libertad.) Al protagonista no le gustó mucho la propuesta, pero terminó por aceptar.

Plim! Fuimos para "Miami", donde él deseaba irse. El eligió a alguien para representar la libertad y cuando le pedí que disfrutase un poco, él se emocionó mucho y dijo que no podría hacerlo. No lograba describir qué le estaba pasando entonces le pregunté si se había sentido de esa forma otras veces en la vida. "Sí, cuando mi bisabuela dejó Cuba y se fue a vivir en Miami. Yo tenía cinco años y dormía con ella. Yo la cuidaba y ella me cuidaba también. Era la única persona en el mundo que yo realmente creía que me amaba. Cuando ella se fue, no pude irme a despedir. Todos se burlaron de mí, diciendo que yo no la quería y por eso no había ido a su despedida. Pero la verdad era que yo la amaba tanto que no podía enfrentar la ida de despedirme de ella. No fui porque no lograba enfrentar la situación."

Cuando terminó de describir todo esto, se podía percibir que los demás participantes estaban muy emocionados con su historia. Algunos lloraban bajito. Al final, esa es la historia de todos en Cuba. No hay una familia que no haya perdido a alguien - familia, amigo o vecino - al exilio.

Cambié la escena y le pedí que eligiera a alguien para ser la bisabuela. El fue a la cocina y escogió una señora pelirroja que estaba haciendo el almuerzo. Le explicamos lo que estaba pasando y ella estuvo de acuerdo en hacer el rol de la bisabuela. El protagonista pudo finalmente despedirse de su abuela querida. Fue un momento de mucha ternura, todos conmovidos. Yo conocía personalmente varios de los casos de las personas presentes y lo que habían enfrentado. Cuando terminó la despedida, empezamos a secar las lágrimas, el paquetito de pañuelos faciales divididos hecho oro de mano en mano. Yo cogí la varita mágica y devolví el protagonista a Cuba, a su "corral".

Mientras todos compartían, el protagonista dijo, "Ahora yo entiendo que la libertad está dentro de mí. No importa donde vaya; puedo ayudar a otras personas y mi vida puede tener sentido, porque la libertad no es una lugar - está dentro de mí. Existe mucho espacio dentro de mi corral donde yo puedo moverme y mucho que hacer por aquí. Hoy también me reconcilié con Dios. Pude perdonarle por haberse llevado a mi abuelita. Ahora puedo dar un rumbo a mi vida."

El nos contó que la bisabuela había venido a visitarle el año pasado. Viejita, con más de noventa años, ella ya no se acordaba de quien era él. Eso también había sido parte de su dolor, y el deseo de ir a la "libertad" y ver a la única persona que él sabía que le amaba. El pudo soltar esto también.

Otras personas también compartieron historias parecidas. Yo también había perdido a mi abuela y un abuelo querido en el último año, de forma que el protagonista fue portavoz de mi dolor también.

Rematrización de una Experiencia con Aborto,
Esly Regina Carvalho, Ph.D. y André Maurício Monteiro, Ph.D.[1]

Emilia[2] tenía 34 años cuando finalmente resolvió tocar el asunto de su aborto. Casada ya hacía varios años, madre de dos hijos, cuando descubrió que estaba embarazada del tercero no aguantó la noticia, y en pocos días, había "resuelto el embarazo". Ya hacía terapia en esa época; vivía mal con el marido hacía un buen tiempo, uno de los motivos que originalmente la llevó a buscar ayuda. Nos contó, en ese entonces, lo que había sucedido cuando se quedó embarazada, pero lo contó todo como si estuviese sucediendo con otra persona y, a pesar que el relato fue cargado de emoción, Emilia pasó mucho tiempo sin retomar el asunto. Parecía que había tragado el asunto por completo.

Un año y medio después, ella comenzó a participar de un grupo de psicoterapia psicodramática. En el grupo que enteró se encontraban dos mujeres que, poco después de la entrada de Emilia, se embarazaron casi simultáneamente. Emilia empezó a estar agitada... sin motivo aparente. Las cosas con su esposo iban muy bien en ese momento; había regresado a trabajar a un empleo que la satisfacía mucho, los hijos parecían bien...

Un día llegó reclamando de las notas de los niños en el colegio, de su falta de paciencia con ellos, del cambio de comportamiento de ellos sin causa aparente. "No entiendo lo que está sucediendo conmigo - estoy siempre irritada con ellos, sin paciencia. Pero no consigo controlarme". Después de determinada sesión cuando no fue escogida para

---

[1]Publicado originalmente en inglés: **Re-matrixing an Experience with Abortion**, with André M. Monteiro, *Journal of Psychodrama, Sociometry and Group Psychotherapy*, Vol. 43 (1) 1990. Revisión por Ruth Dahlstrom.

[2]*No es su nombre real. Otros datos también se modificaron para evitar la identificación de la misma. Agradecemos su autorización para compartir esta experiencia.*

dramatizar, pidió una sesión individual extra para intentar entender mejor la relación con los niños.

Antes de la realización de esta sesión, el ego-auxiliar que atendía conmigo (trabajamos en Psicodrama con dos terapeutas Director y el Ego-Auxiliar), tuvimos una conversación en la cual comentamos su dificultad en manejar la presente situación. Quedó claro que los hechos actuales de su vida no justificaban el gran sufrimiento que venía viviendo desde el anuncio que sus colegas estaban embarazadas; pero Emilia se declaraba incapaz de darse cuenta de lo que le estaba incomodando, según lo que había comentado en la última sesión del grupo.

Llegó a esta sesión extra muy ansiosa, casi al borde de las lágrimas. Habló de cosas superficiales hasta que se interrumpió a sí misma, diciendo, "No fue para hablar de estas cosas que vine aquí hoy". Fuimos investigando poco a poco lo que le venía molestando más en el trabajo de los otros y lo que estaba sucediendo con ella. Por fin, muy delicadamente, le pregunté:

- "Cómo le quedó el embarazo de sus colegas?"

- "Ah, está muy mal... yo paso recordando el aborto que me hice hace tiempo y me siento muy culpable. Eso me molesta tanto que rezo por el bebe todas las noches".

Este diálogo ocurrió casi al final de la sesión y le preguntamos si a ella le gustaría trabajar esta experiencia, una vez que estaba claro que eso le perturbaba mucho.

- "Tal vez haya cosas que a usted le gustaría decir para este niño o incluso despedirse de él, ya que nunca fue enterrado. Parece que hay cosas que todavía no están bien resueltas..."

Emilia lloró, nos pusimos de acuerdo e hicimos otra cita individual, lo más rápido posible.

Pocos días después ella regresó. Sin grandes preliminares, dimos inicio a la sesión: Emilia estaba una vez más bastante ansiosa.

- "Esta es una cosa que realmente no quería hacer, pero sé que es necesario hacerlo, de lo contrario no voy a mejorar. No quiero tener que trabajar este asunto a los 50 años..."

Dimos, entonces, la instrucción: el Ego Auxiliar (André) sería el bebé, y Emilia iría conversar con él, puestos en el suelo, diciendo todo lo que quisiera. Expliqué que en psicodrama todo sucede en el "como se", y cualquier persona e incluso cualquier cosa tendría su espacio allí si quisiéramos. Ella estuvo de acuerdo. Los dos se sentaron, y André se acostó en el suelo en posición fetal.

Al mirarlo, Emilia inmediatamente se puso a llorar, también asumiendo una postura fetal, sentada sobre las piernas. Después de algunos minutos, comenzó a hablar con el "bebe".

(Debido al hecho de que esta entrevista no fue gravada, los diálogos no están transcritos literalmente, pero se reprodujo la idea básica de los diálogos. También, por esta razón, parecen muy cortos).

Emilia: "Yo quería que supieras que yo no quería matarte. Lo encuentro muy malo tener que admitir esto, pero no podía tenerte en esa época. Mi vida estaba muy mal, yo estaba viviendo mal con mi marido, creía incluso que nos íbamos a separar y no pude sostener la situación. Quedé molesta porque las otras veces que estuve embarazada la situación externa tampoco era buena.... en uno de ellos incluso mi marido estaba desempleado cuando descubrimos que iba a tener otro bebé. Aún así, nunca pensé en hacer con ellos lo que hice contigo. Pero contigo fue diferente: mi vida interna era muy confusa, muy desordenada. Tu no cabías dentro de mi..."

Lloró un poco más, y le pedí (muy suavemente) que cambiara de roles con el bebé. Ella respiró hondo y cambió de puesto. Yo entré en el lugar de Emilia para continuar la dramatización, y repetí las últimas palabras de su conversación anterior.

Emilia como Bebé:: "Pues sí, solo que tu no me diste la oportunidad que tuvieron los otros niños, la oportunidad de vivir, de venir al mundo. Tengo mucha rabia de ti. Yo no merecía que tu hicieras lo que hiciste conmigo..."

Terapeuta como Emilia: "Tienes razón, yo hice eso pero estoy intentando explicarte también lo que pasaba conmigo. No iba a ser bueno para ti... y yo no podía ser buena contigo. Claro, entiendo tu lado, y me siento muy culpable. Y rezo por ti todas las noches..."

Emilia como Bebé: (todavía con mucha rabia) "Pues sí, y qué sirve que me expliques esto ahora? No me va a devolver la vida... no cambia nada. ¿Qué es lo que quieres de mí? Estoy muerto. No hay regreso!

Terapeuta como Emilia: "Sabes, te llamé para pedirte perdón... Mira si puedes perdonarme. Tal vez si me perdonaras, yo podría vivir un poco mejor, sin esta culpa horrible. Yo sé que no cambia nada para ti, no puedo deshacer lo que ya fue hecho - pero cambia para mi..."

Emilia como Bebe: (con menos rabia): "De hecho, para mí no cambia nada... Bonito, no, tú haces las cosas conmigo y después lloras y me pides perdón..."

Terapeuta como Emilia: "Si, tú tienes razón, pero yo quería mucho que tu hicieras eso... así, quien sabe si en lugar que seas un aborto en mi vida, podrías ser un hijo que no pude tener... Podríamos hacer un acuerdo, compartir un secreto: tú eres mi tercer hijo, el hijo que no pude tener... No lo contamos a nadie. Así, en lugar de ser una *cosa* en mi vida, un aborto, podrías ser alguien para mí, una *persona*, un hijo..."

Emilia como Bebe: (Se queda medio callado pensando un tiempo. Suspira profundamente). Bien, si van a cambiar las cosas para ti tal vez podría hacer eso. Encuentro mucho mejor ser un hijo que ser un aborto... (suspira de nuevo). Está bien, yo hago este acuerdo contigo: te voy a perdonar, perdonar lo que hiciste conmigo, voy a volverme un hijo en tu vida, el hijo que no pudiste tener... y así también consigo una madre para mi..."

Salí, entonces, del rol de Emilia y le pedí que ella volviera a ser ella. André reasumió la posición de hijo, y le repitió las últimas palabras del diálogo anterior. Emilia llora una vez más mientras mira a su "hijo" hablando... y acepta el perdón que él la ha ofrecido.

Terminamos la dramatización y pasamos a compartir. Le preguntamos cómo se sentía.

- "Ah, todavía todo duele mucho, pero estoy mejor. Creo que ahora puedo cargar esto. Sé que todavía va a molestarme un tiempo, pero va mejorar."

Le devolvimos algunas informaciones a ella desde nuestra perspectiva: el hecho de que ella realmente no *consiguió* tener este hijo que no "cabía" dentro de ella, tanto que resultó en un aborto. Resaltamos la importancia del perdón en los vínculos, especialmente en aquellos en que la culpa es el resultado de una trasgresión de los valores propios del individuo, como era el caso de Emilia. Hicimos algunos comentarios relacionando esta sesión a su pasado: su madre se había casado embarazada de ella, y ella siempre se había sentido muy rechazada por la madre. Y sospechaba que incluso su madre hubiese hecho algún intento de aborto en el transcurso de su gestación. Parecía que las dos historias se confundían en determinados momentos.

Cerramos la sesión y cuando nos vimos la semana siguiente estaba mucho mejor, un poco menos ansiosa; los niños habían mejorado en casa y ella parecía respirar aliviada.

Comentarios y procesamiento

Describimos este caso con el intento de ilustrar el proceso de rematrización. Sabemos que las experiencias que vivimos están ligadas a los sentimientos originalmente presentes cuando fueron vividos por primera vez. La rematrización consiste en un proceso donde el primer "acuñamiento – *imprinting* - experiencial" es transformado por la sustitución o reemplazo de una nueva experiencia, por el nuevo significado de un hecho anterior u otras formas de reparación y cambio. Las conocidas oraciones de "cura interior" en la consejería cristiana funcionan debido a este principio - las experiencias pasan a tener nuevos significados, y se vinculan los nuevos sentimientos a experiencias anteriormente traumáticas.

El psicodrama posee, en este sentido, una postura privilegiada, ya que posibilita a través de la dramatización (o del psicodrama interno - dramatizaciones mentales o visualizaciones) la rematrización concreta de experiencias anteriores. Es posible traer al presente situaciones del pasado, e incluso, situaciones que jamás ocurrieron, y rematrizarlas en el presente para que puedan quedar reparadas. Podemos llamar a quien sea adelante para conversar con él. No importa si la persona ya haya muerto o si el hecho real no es posible vivirse "realmente". Lo que importa es la relación del individuo con sus figuras internalizadas. Son éstas las que lo perseguirán o lo perdonarán y con ellas debemos contactarnos para viabilizar la reparación.

Nuestro trabajo terapéutico ha sido orientado por una propuesta de reparación de vínculos, el término técnico para lo que los teólogos llaman reconciliación.

Creemos que mientras más individuos puedan tener sus vínculos presentes o pasados bien resueltos, tendrán más salud mental. Moreno nos decía que el "hombre sin vínculos no existe" (Bustos, 1979) y creemos que el hombre necesita de tres tipos básicos de vinculaciones para desenvolverse bien: los vínculos con el prójimo, consigo mismo y con lo Trascendental (más conocido como Dios). Como en psicodrama podemos poner la imagen interna de cualquiera de los tres en el escenario, podemos trabajar en la reparación de estos vínculos también en lo concreto. En nuestro trabajo, la rematrización en general pasa por la reparación (o reconciliación).

La reparación es una de las formas de hacer una rematrización. Existen otras, pero esta es la más común y tal vez la más eficaz. Ella "limpia" la relación y cicatriza el recuerdo. Hemos visto que cuando el individuo no está dispuesto a perdonar es porque:

1) Todavía no está listo para hacerlo. No agotó todo el sentimiento al que está unido actualmente la vivencia o recuerdo. Es necesario esperar este tiempo para ayudarlo a agotar esta emoción;

2) algunas veces sucede que la relación que el paciente tiene con su recuerdo o con alguien, es el único hilo que los une a ambos: para no "perder" al otro, no se "debe perdonar". Es fácil darse cuenta de esto cuando se pregunta al individuo, "¿Qué sucedería entre ustedes dos si se resolviera esto perdonándolo?". En este caso es necesario mostrar que se puede continuar unido al otro, pero por un "hilo" más saludable que el dolor, la rabia, el odio, etc. ya que estos sentimientos guardados acostumbran reflejarse de manera perjudicial en la vida del individuo;

3) algunas veces es necesario hacer que el otro "pague la pena" por lo que hizo. En psicodrama, se puede "matar" al otro, o mejor, su recuerdo del otro, enterrarlo, en fin, hacer con él todo lo que creemos que merece. Muchas veces, efectuada esta catarsis, es posible perdonar después.

En psicodrama, a través de "interpolación de resistencia" es posible que el terapeuta introduzca elementos en la vivencia que no ocurrieron en la vivencia anterior de los hechos. (Oración de cura interior hace esto de una manera muy eficiente introduciendo la figura de Jesús como elemento de reparación). Esto ocurrió en el relato que hicimos en el caso de Emilia. La terapeuta introdujo la propuesta del perdón a "Emilia/Bebé" - inclusive como una manera de sondear hasta qué punto Emilia podría efectuar esta reparación más directa. No sabíamos como "su hijo" iba a reaccionar - se trataba de una información que ella nos debía proporcionar. (No sirve querer "forzar" una reconciliación solo porque creemos que un final feliz es bonito. Para que sea una verdadera rematrización para el paciente es necesario que él pueda abrazar esta opción como siendo *suya* - por esto el cuidado que el terapeuta necesita para no precipitarse). Como el "Bebé" acabó aceptando la idea de perdonar a su madre, la escena culminó con Emilia pudiendo aceptar el perdón que "su hijo" le ofrecía, completando de esta forma la reparación.

En caso que el "Bebé" no hubiera aceptado la propuesta de perdonar a la madre, podríamos proceder a la investigación de lo que al "Emilia/Bebé" le gustaría hacer con su madre. Lo más probable es que le daría algún castigo, o la mataría, aprovechando esta oportunidad de vengarse. Una vez ventilada toda esta rabia del "Bebé" podría entonces lanzarse la propuesta de la reconciliación: "Tu madre ya pagó por los pecados que cometió... también está muerta... ¿Será posible que ustedes dos puedan entrar en un acuerdo ya que nadie debe nada a nadie?" Probablemente veríamos que sería posible efectuar la reparación.

Hay situaciones en que el individuo prefiere no reconciliarse. La reparación no es una cosa que puede forzarse al paciente, como dijimos anteriormente. El terapeuta puede marcar este impase para el paciente y aguardar un tiempo. En general, estas situaciones sin buena resolución acaban surgiendo otra vez, en otra situación, hasta que queda claro para el individuo que si él no repara este vínculo *él* no va a resolver el problema que existe para *él*. Cuando esto es obvio, la reparación se procesa con facilidad. Sin embargo, tenemos el deber y la obligación de respetar la falta de deseo de reparación que el paciente puede presentar en determinado momento. Si no sale ahora, es porque no sale ahora.

Esto puesto sobre la forma de trabajo que presentamos, comentemos un poco sobre el contenido en sí.

Este caso aborda una situación que podemos llamar de "culpa real" (en contraposición a la "culpa falsa" que tiende más a aparecer en los trabajos terapéuticos. Dr. Paul Tournier, en su clásico, *Culpa y Gracia*, hace una exposición brillante de esta diferenciación y de la función de cada uno en la vida del individuo. El propio Freud ya hablaba de culpa "moral" - aquellas situaciones donde el individuo se siente verdaderamente culpable porque transgredió su propia ley).

En este caso, a pesar del hecho que Emilia no era una persona especialmente religiosa (había recibido una formación católica), practicar un aborto era algo que hería sus principios éticos. Emilia solamente apeló a esta solución debido al tamaño de la desesperación en que se encontraba en el momento en que se embarazó. El Dr. Cecil Osborne afirma que, delante de la culpa verdadera, el individuo consciente o inconscientemente, la maneja en dos formas: o busca un castigo o punición para que pueda expiar su pena y entonces quedarse libre de la culpa una vez que ya no debe nada; o entonces, necesita del perdón, el perdón del otro o de sí mismo.

Específicamente en el caso de Emilia: la culpa que sentía podemos denominarla culpa real: ella había hecho una cosa que consideraba equivocada. Su sentimiento de culpa, su irritabilidad, su descarga sobre sus otros hijos, eran formas de castigarse - ella no "merecía" tener una vida feliz, ya que había practicado un crimen.

Este tipo de situación difiere de los casos de culpa falsa donde la persona se siente culpable por cosas que no hizo, o que no tenían nada que ver con ella. Pero en estas situaciones, una vez que la escena psicodramática esté estructurada, la persona percibe que se trata de una culpa falsa, y pasa a arrojar la culpa de su vida: tirándola del escenario. En los casos de culpa real, esto no ocurre, ya que la persona cree que la culpa tiene razón de estar presente en su vida y que ella (persona) es merecedora de toda la aflicción que la culpa le puede causar.

Finalmente, la cuestión del aborto en sí. Creemos que con este trabajo de rematrización no estamos queriendo "pasar la mano en la cabeza" del paciente. Contra hechos no hay argumentos: una vez realizado un aborto, no hay nada que un terapeuta pueda hacer para modificar los hechos. Por otro lado, no creemos en "pecados imperdonables" pero sí, en el alivio del sufrimiento real y neurótico. ¿De qué sirve mantener a una persona en una situación de tormento por algo que no puede cambiar? Por esto la importancia de la rematrización: los hechos no cambian, pero la percepción de los mismos, sí. En esta reparación, la persona se reconcilia consigo misma, con el otro y con sus actos, y se libera para vivir nuevas y mejores opciones en su vida.

El Sociodrama como Herramienta de Diagnóstico Social: Una Experiencia en Paraguay,

Esly Regina Carvalho, Ph.D y Heve Otero (Paraguay)

Introducción:

La idea original de este sociodrama fue hacer de esa experiencia una oportunidad de aprendizaje para el grupo de formación en psicodrama en Paraguay. Sin embargo, una vez repartidas las invitaciones, otras personas quisieron participar y en el grupo final, los psicodramatistas fueron una minoría. Había veinticinco personas en el grupo el sábado en la tarde. Todos querían tomar parte de la experiencia psicodramática.

Se escogió el formato del "Periódico Vivo" y la directora explicó al grupo la forma en que harían el trabajo. Este formato es muy útil para el calentamiento para un sociodrama ya que generalmente refleja la situación política del país donde se lleva a cabo la experiencia. Además, es fundamento que todos los psicodramatistas tengan una experiencia con el ejemplo clásico, por excelencia, del trabajo moreniano.

Se formó cuatro grupos y se les dio una copia del periódico local del día. Se les dieron las siguientes instrucciones: cada grupo tenía que escoger un artículo, hacer una "fotografía"(como una imagen para un escultor) y darle un título. Una vez que cada grupo tenía su "fotografía", la presentaban al grupo grande, y luego se votaba por la imagen con la que más se identificaba cada individuo.

Las cuatro imágenes presentadas tenían los siguientes títulos y temas:
Grupo 1: "La Lección Vital" - un tema ecológico que se refería a la destrucción de los árboles y otros recursos naturales del Paraguay.
Grupo 2: "Desafío" un tema feminista. (Este fue un grupo muy interesante.) Muchas de las feministas presentes se

habían reunido en este grupo. Primero escogieron el tema y luego buscaron en el periódico un tema que estuviera relacionado con su título. Se refería a la infinidad de roles que tiene que desempeñar una mujer y la fortaleza que hay que tener para responder a todas las demandas.

Grupo 3: "Justicia Social". Se refería a las diferentes formas de lucha por una justicia social y las fuerzas opositoras dentro del Paraguay.

Grupo 4: "Sin hogar". Se refería a las recientes inundaciones en Paraguay y a la gente que se quedó sin hogar debido a las inclemencias del tiempo.

Cuando llegó el momento de la votación, la distribución de los participantes estaba bastante balanceada entre las diferentes "fotografías", pero el Grupo 3 sobre los problemas de la Justicia Social ganó en la votación sociométrica.

Esta fue una imagen muy poderosa. Toda la audiencia se unió a ella. A continuación presentamos un esquema de la "foto":

Los diferentes extractos de la sociedad paraguaya estaban representados: dos Campesinos, uno de las cuales tenía representación en el Parlamento. El destacado Oficial de Policía que apuntaba hacia los campesinos. La Comunidad miraba con cuidado "vendándose" los ojos con una mano, pero tratando de ver a través de los dedos. La realidad es que el 60% del Paraguay está compuesto de campesinos. La Fuerza Policial a que se referían en el sociodrama era aquella que aterrorizaba la población durante los 35 años del férreo régimen de Stroessner. La Justicia estaba parada detrás de la Fuerza Policial, una alusión a los tiempos en que la justicia estaba verdaderamente sometida a la dictadura militar y se hacía la ciega ante cualquier situación. La imagen que representaba la Comunidad fue quizá la más significativa: una sociedad que podía ver lo que estaba pasando, pero trataba de esconderse en su ignorancia.

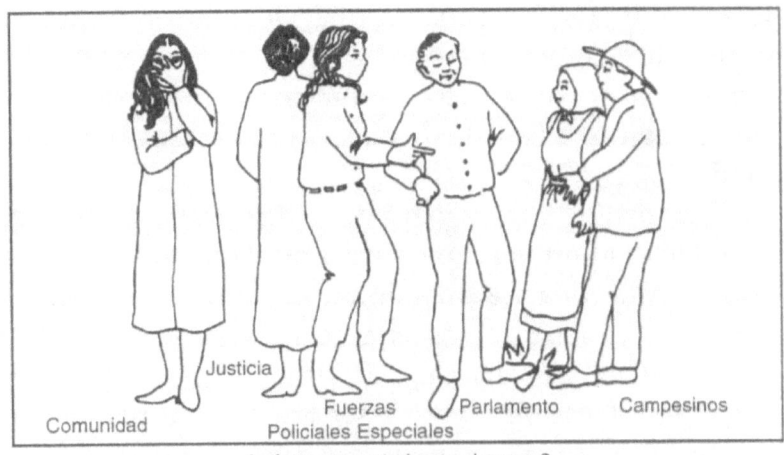

Imágen presentada por el grupo 3

Después de haber hecho la votación, se les pidió a los miembros que hicieron la primera fotografía y a los miembros que votaron por ella que se quedasen en el escenario. Se repitió la imagen original y se le pidió a los votantes originales que entrasen en la misma fotografía escogiendo los roles que quisieran. La imagen tomó más cuerpo.

El grupo grande recibió las siguientes instrucciones: todos podrían participar en el sociodrama. Sin embargo, para poder entrar al escenario tendrían que dejar que el "Comité de Nombres" (el yo auxiliar, en este caso, les pondría una etiqueta con su rol, antes de entrar al drama). Las etiquetas se les pondrían en el pecho para que hubiera claridad en el drama. A los participantes se les permitía cambiar de rol, pero tenían que cambiar de identidad y etiquetas.

El espacio psicodramático se demarcó claramente en el piso con cinta pegaste. Si por alguna razón se salían o eran empujados del escenario, los participantes podrían volver, pero bajo un nuevo rol.

Se apoderó el caos: un cura empezó a predicar desde su "púlpito". La fuerza campesina engrosó debido a que nuevos miembros decidieron entrar en su grupo. Gritaron y patalearon por sus derechos en una violenta protesta frente al Parlamento. La persona que hacia el rol de Fuerza Policial cambió su rol y se volvió campesina. Entraron nuevos miembros como 'idealistas" que querían reestructurar la sociedad.

De repente, "Stroessner" y "Rodríguez" (el presidente interino que era también un general militar) y otros militares entraran con la idea de posesionarse. Los otros miembros del grupo se unieron a los campesinos para hacer fuerza contra Stroessner y Rodríguez. Solamente los campesinos se quedaron en el escenario y la señora que se había vuelto campesina, fue electa 'presidenta de los campesinos' como resultado de la revuelta popular.

En este momento el director intervino con la siguiente idea: " ustedes tienen una oportunidad de reestructurar al Paraguay y a su sociedad como crean que es más conveniente. Pueden nombrar líderes del gobierno, ministros, etc. lo que quieran y como quieran. Háganlo!

La Presidenta de los Campesinos inmediatamente empezó a nombrar al Ministro de Salud, Educación, Reforma Agraria. Otras personas se integraron al movimiento campesino, y se nombró una "Justicia Social Honesta", así como también un Comité Comunal para los pobres. El Parlamento se volvió un parlamento campesino.

Una vez que se formó el gobierno básico, el Presidente dejó su presidencia y se hizo "político". Se hicieron varios intentos para que la sociedad pudiera trabajar. Un representante de los "refugiados sin hogar a causa de las inundaciones" se sentó en el piso y empezó a gritar para pedir auxilio. Uno de los dos hombres presentes puso un letrero: "Sociedad sin hombres", como queja ante la presencia femenina/feminista. Otros miembros entraron como "gente", dijeron que no eran campesinos y que necesitaban representación ante el gobierno en la nueva sociedad. En este momento, el director congeló la escena y entrevistó a cada uno de los participantes en el drama.

Los políticos cayeron en cuenta que era muy difícil tratar de organizar y cambiar una sociedad. La tarea no era tan fácil como ellos se la habían imaginado. La Reforma Agraria no podía entender por qué los campesinos se quejaban incesantemente si habían recibido lo que habían pedido y más: tierra, maquinaria, herramientas, semillas, etc. Los refugiados de las inundaciones decían que nadie les hacía caso. Ellos estaban hambrientos, con frío y no tenían hogar. Mirando al director cuando hablaba con cada uno mirándolos a los ojos, el refugiado dijo que el director había sido el único en mirarle a los ojos. Continuó diciendo que el Ministerio de Educación le había dado un libro, pero no sabía leer. Justicia Social le había dado un techo, pero por poco le aplasta la cabeza. Salud no podía ni suministrar una aspirina... La refugiada preguntaba que debía hacer?

El hombre que se quejaba de exclusión social por parte de las mujeres dijo que allí no había espacio para los hombres en la nueva sociedad que estaban planeando reconstruir.

La "gente" dijo que ellos no eran campesinos sino profesionales, profesores, doctores, amas de casa, etc. y que las soluciones para los campesinos no necesariamente reflejaban una solución para ellos. Había un inmenso sentimiento de impotencia entre ellos: todos querían ayudar a reconstruir la sociedad, pero la verdad es que no sabían cómo hacerlo.

A cada uno se le pidió que compartiera sus sentimientos desde su propio rol. Los participantes dijeron que habían disfrutado enormemente la experiencia y que no se imaginaron nunca que el sociodrama podía proporcionarles semejante riqueza. Algunos estaban atónitos y frustrados al ver el curso de la acción y empezaron a entender que gobernar un país no es una tarea fácil. Se convencieron de la autenticidad del mensaje - su realidad - y la efectividad del sociodrama para poner de relieve los hechos socio-políticos.

Había un alto nivel de expectativa entre el grupo cuando la acción comenzó y todos se sentían comprometidos con lo que estaban haciendo. También cayeron en cuenta que tuvieron la oportunidad de cambiar su situación y la enorme complejidad que involucraba el hacerlo. Fue interesante ver que una vez que se les dio la oportunidad, ellos también habían respondido de manera autocrática y estereotipada ante las diferentes situaciones. Total esta era la forma de gobierno que la mayoría de los participantes conocía. Se dieron cuenta de lo que no funcionaba. Su trabajo fue tratar de "solucionar" los problemas.

Surgieron una cantidad de conclusiones interesantes:

1. El tema escogido era muy delicado ya que se trataba de un hecho político. Justicia Social bajo una extensa dictadura que solo ahora podía salir a la luz.

2. Cuando se le pidió al grupo que "actuara" se produjo el caos. Este desorden , en parte, es normal , si consideramos la Matriz de Identidad descrita por Moreno. De allí partirá el orden nuevamente. (Creemos que los grupos siguen las diferentes fases de la Matriz de Identidad en la medida en que se van formando).

Un nuevo grupo será especialmente caótico y se organizará lentamente al punto que eventualmente los miembros pueden invertir roles entre ellos. Toda la experiencia mostró a la clara la confusión de la sociedad paraguaya en el momento en que se llevó a cabo el taller, ya que ellos tratan de aprender nuevos roles bajo un régimen democrático.

3. Frente a este desorden, se intenta organizar el grupo, pero es un intento por imponer orden. En este caso, "los militares" intervienen para intentar organizar el gobierno, pero son expulsados. Es obvio que la "sociedad"

resiste esta clase de solución impuesta, que fue lo que vivieron durante los últimos 35 anos.

4. Una vez que la acción inicial se logra con la expulsión de los militares, hay una sensación de vacío y es entonces cuando el director interviene para proponer una nueva estructura social. El Presidente Campesino prácticamente se auto elige (sigue más o menos el mismo patrón del gobierno hace unos 35 anos), y distribuye autocráticamente los roles de [as instituciones: Educación, salud, justicia social. Sin embargo, no se sabe cómo se llevaran a cabo estas tareas. Nadie lo explica ni lo enseña. Esto refleja claramente la situación del Paraguay en el momento del taller, las instituciones existen, pero nadie sabe realmente que hacer con ellas, como hacerlas funcionar, especialmente de forma eficiente y pragmática.

5. Otra observación interesante es la falta de diálogo entre las partes. Nadie discutió nada con nadie. No se pedía ayuda ni se consultaron entre ellos. Cada uno hizo lo que creyó que era conveniente. Si miramos los periódicos, nos asombrados al verificar que lo que sucedió en el taller era exactamente lo mismo que estaba sucediendo en el país. Se tomaron decisiones básicas sin consultarse entre las partes afectadas o sin consultar a las partes que serian favorecidas.

6. Había un número que representaba la "Llamada para Elecciones", pero fueron ignoradas. Una vez más, se notaba a las claras que las elecciones libres no eran un sistema común al país.

7. Cuando el país tiene que bregar con un problema que se convierte en desastre nacional, como las inundaciones que ocurrieron en Paraguay unos meses atrás (para que el lector pueda tener una idea de la seriedad de las inundaciones, las Cataratas de Iguazú quedaron totalmente cubiertas con agua), el sistema era inadecuado para prestar cualquier clase de ayuda. Como ayudar a los refugiados? Nadie sabía dónde o como empezar y las alternativas no parecían contribuir a soluciones positivas. No había una

idea clara sobre la forma de ayudar, si se daba mucho (el techo se desplomaba sobre la cabeza de los refugiados), o si se les ofrecía ayuda impertinente (darle libros a los que no sabían leer).

8. El género fue una temática importante. Esta nueva sociedad había sido estructurada por mujeres en sus diferentes roles, pero los hombres que participaron se sintieron excluidos por la actitud feministas de las participantes. Esto trajo a colación el lado feminista. Una mujer salió del escenario porque no le gustaba participar en una sociedad compuesta solo por mujeres. La mujer que hizo de "Gente" dijo que ellas no querían unos presidentes campesinos que fueran del género masculino porque todos ellos eran "un puñado de machistas".

El mismo hecho es percibido por los hombres como "exclusión de género"; mientras las mujeres se sienten incómodas por lo que ellas creen que es una amenaza masculina. Pareciera que en la nueva sociedad que empieza a emerger después de las cenizas anteriores, es necesario redefinir los roles específicos de acuerdo al género. Que significa ser un hombre o una mujer en esta nueva comunidad?

Este mismo presidente ve la "Gente" como intrusa. Parece que no ayudan; mientras que la "Gente" subió al escenario para darle una mano al proceso de construir una nueva sociedad. Es difícil percibir las intenciones de los otros.

Para finalizar, es necesario mencionar dos aspectos:

a.   El rol del ciudadano en un régimen democrático está escasamente desarrollado. Esto significa que como ciudadanos paraguayos, las personas están empezando a entender y practicar este nuevo rol de ciudadanos.

b.   La falta de claridad de percepción con respecto a los motivos, y acciones como lo ven los participantes deja ver claramente que el índice social de percepción télica es muy bajo. En la medida que esta "sociedad" puede moverse hacia una comunicación/ percepción télica superior, habrá un mayor ajuste social.

(Casi un año después, al revisar este artículo, los paraguayos tuvieron elecciones presidenciales. Aparentemente eligieron uno similar: alguien que probablemente no encallara el buque político" en el que se han movido todos estos años).

Conclusión

Quisiéramos motivar a otros psicodramatistas para que profundicen en el sociodrama. Creemos que esta es una herramienta muy útil y esperamos que esta experiencia sirva de ejemplo. Quizá en la medida en que aprendemos a comprender mejor los procesos sociales a través de diagnósticos como este, podemos también aprender a hacer intervenciones adecuadas de manera que repercutan en un mejor desarrollo social.

(Publicado originalmente en inglés: Carvalho, E. (1994) **Sociodrama as a Social Diagnostic Tool: An Experience in Paraguay**, with Heve Otero, M.A.,   the *Journal of Group Psychotherapy, Psychodrama and Sociometry*, Vol. 46 (4).

Intervención Sociométrica en la Familia: *Un Estudio de Caso, Esly Regina Carvalho y Valéria Cristina de A. Brito.* [3]

Introducción

Remitiéndose a la tesis de maestría (Carvalho, 1987. La Estructura Sociométrica de Familias Alcohólicas, Universidad de Brasilia) en este estudio de caso intentamos implementar el uso de la sociometría con confrontación terapéutica como forma de afirmar su utilidad en la intervención terapéutica de una familia alcohólica. La propuesta fue de diagnosticar la estructura sociométrica de la familia que nos buscó, según la metodología usada en la tesis indicada, llevando el trabajo anterior un paso adelante en la tentativa de trabajar los vínculos familiares.

La familia fue sometida a los mismos criterios utilizados en la tesis arriba citada:

Criterio Uno: pregunta sociométrica: "A quién yo escogería, en mi familia, para pasear conmigo?" (Con la pregunta perceptual: "Como yo creo que fui escogido(a) por los miembros de mi familia?")

Criterio Dos: pregunta sociométrica: "A quién yo escogería para contar un secreto?" (Pregunta perceptual: "Como creo que fui escogido(a) por los miembros de mi familia?")

La imposición de los criterios fue hecha como forma de que se ordenaren los resultados a fin de comparar con los datos sobre otras familias. Los criterios escogidos también tuvieron como base la idea de comparar cambios en los sociogramas cuando la vinculación fuese más superficial (pasear) o más íntima (secreto).

Los miembros de la familia hacían elecciones (positivas, negativas o indiferentes) en relación a los otros

---

3 Traducción de Patricia Pareja. Publicado originalmente en el *Journal of Group Psychotherapy, Psychodrama and Sociometry*; 47(4), Winter, 1995.

componentes del grupo familiar. También fue explicado a la familia de que sus elecciones tenían orden jerárquico, por ejemplo, a quien ellos colocasen en primer lugar en la columna positiva sería con quien ellos más les gustaría pasear (criterio 1). A estas elecciones fueron atribuidos valores decrecientes a partir de N-1, donde N es el número total de miembros en la familia.

Los datos fueron evaluados después de su corrección (según Bustos, 1979) y los sociogramas elaborados a partir de la información. (Ver apéndices). La discusión de los datos será hecha más adelante.

Una vez corregida la sociometría, estos datos fueron devueltos a la familia para ser trabajados a través de la confrontación terapéutica, las partes confrontantes se sientan de frente una hacia la otra, leen los porqués de sus elecciones, y, ojo a ojo, dicen lo que quieren con la finalidad de aclarar sus razones y su relación con el otro. Notoriamente se diferencia de un "juego de la verdad" en lo que dice respecto al manejo: al lado de cada miembro que se confronta se coloca una almohada (o silla) de forma que los otros miembros de la familia así como los terapeutas puedan entrar y "traducir" las emociones que no están siendo dichas claramente. (Por ejemplo, se puede decir para el otro: "Creo que usted no sirve", cuando en la traducción, esto significa: "Usted me maltrato con lo que dijo y estoy con rabia y resentido. Estoy con tanta rabia que quiero vengarme de usted.")

El "traductor" debe hablar en la primera persona del singular por quien está hablando, como si fuese el individuo, y debe intentar expresar los sentimientos de quien está hablando (y no sus propias ideas). Quien está en la confrontación puede aceptar (o no) la intervención y la conversación continua a partir de ahí. Una vez que el "traductor" haya hecho su intervención, se retira para la platea. La confrontación termina cuando ambos aceptan que hablaron todo lo que querían expresar o cuando el relacionamiento queda aclarado de forma que cada uno este entendiendo lo que ocurre. Muchas veces una reconciliación es efectuada una vez que consiguen entenderse. Otras veces, las experiencias del pasado son señaladas como cosas personales a ser resueltas. En fin, hay tantos finales para las confrontaciones cuanto personas para confrontar.

Este estudio de caso tiene la intención de averiguar la eficacia de esta forma de intervención terapéutica con vistas a la posibilidad de utilizarla con un gran número de familias, como forma de intervención anticipada en familias con problemas. Las ventajas de su uso son:

1. *Rapidez de la aplicación:* Puede ser hecho en una hora con toda la familia reunida.
2. *Datos concretos.* Los resultados son listados, sociogramas son elaborados y son posibles de comparación concreta con gran número de familias.
3. *Método de encuesta en las ciencias sociales y humanas,* ya que medir "vínculo familiar" acostumbra a ser algo bastante subjetivo y de difícil medición. Con el sociograma, se ve claramente la estructura de la familia.
4. *Devolución de informaciones concretas a las familias* con vista a la confirmación de sus dificultades, dónde esas residen y la posibilidad de la intervención terapéutica y subsiguiente mejora en los vínculos familiares.

Estudio de Caso
Una familia nos buscó con la queja inicial (por teléfono) de que estaban enfrentando dificultades de relacionamiento, principalmente entre el padre y el hijo. La familia era compuesta de padre (46 años), madre (46 años), hijo (21 años) e hija (19 años). La madre hizo el contacto inicial para marcar la entrevista y la familia toda compareció a la primera entrevista y sesiones subsecuentes.

Primera Sesión

La Sala del consultorio poseía dos sillas para el director y otra para el auxiliar, la mesa rectangular en el centro de la sala, y almohadas grandes y pequeñas para que los participantes se sentasen (y eventualmente utilizaran en la estructuración de imágenes). La madre y el padre se sentaron en un lado de la sala, con aproximadamente un metro entre los dos, y los hijos en la misma disposición del otro lado. Les preguntamos la razón de su visita y la madre inicialmente expuso los motivos: había muchas dificultades entre el relacionamiento entre el hijo y el padre y creían que la terapia les podría ayudar en este sentido. Proseguimos entrevistando a cada uno sobre su motivación de venir a terapia. El padre expuso que era "bohemio", le gustaba salir para tomar cerveza con sus amigos lo que lo tornaba como en un "padre ausente" (sic). Reconocían las dificultades que había y se disponían a cooperar con la terapia, ya que su terapeuta les había encaminado a tal. El hijo relato semejantes dificultades así como la hija, siendo que en cuanto el hijo hablaba, en ningún momento dirigía su discurso a su padre: evitaba incluso contacto visual con él. Entre las muchas quejas que hacia el hijo (relato un ejemplo reciente con el padre), decía que el padre no lo oía e insinuaba que lo trataba como niño. El padre expuso que se preocupaba mucho por el hijo. Había nacido de parto difícil (la madre fue consultada acerca de los detalles del parto) y en cuanto el padre discursaba, fue interrumpido un sin número de veces por el propio hijo, lo que fue marcado por los terapeutas. Todos fueron consultados sobre su disponibilidad de trabajar juntos en terapia, y se pusieron de acuerdo. El trabajo fue explicado en pocas palabras, el contrato fue aceptado y la próxima sesión marcada, el hijo reclamó un poco en cuanto a la cuestión de horario, y después estuvo de acuerdo en venir en el horario tratado.

Comentarios:

Como de costumbre, la primera entrevista busca situar la problemática y la queja, inclusive de confirmar o no la intervención terapéutica. En este caso, algunas cosas quedaron claras:

1. La familia estaba buscando ayuda y se disponía a trabajar para tal finalidad.

2. se confirmó la necesidad de intervención terapéutica, llevándose en consideración:

a) la dificultad que ellos mismos traían, principalmente su queja de dificultad entre miembros de la familia (padre-hijo);

b) la sospecha del alcoholismo del padre;

c) fue excluido un diagnóstico de psicosis entre sus miembros, lo que hubiera obligado a otro tipo de intervención; todos los miembros sabían leer y escribir lo que posibilitaría el uso del test sociométrico.

Segunda Sesión

Al entrar en la sala, la división de la familia se mantuvo bastante parecida en disposición, mas la madre se sentó del mismo lado que el hijo, frente al padre, y la hija se sentó del mismo lado que el padre, frente a su hermano, de forma que había nuevamente la estructura de "dos parejas", pero de forma diferente a la original.

Después de breves palabras introductorias, les fue expuesta la propuesta de un pequeño test que ayudaría en el desarrollo del trabajo. El hijo dijo que si fuera un test que "tuviera que escribir mucho", no quería participar. La madre dijo que "ya que habían buscado ayuda, deberían someterse a los pedidos de las terapeutas." El hijo, al ver que se trataba de un test simple, aceptó.

Fueron distribuidas hojas de papel en blanco, dobladas en tres columnas, con señal positivo, negativo, y "mas-o-menos" en el tope de cada columna. Se pidió que cada miembro identificase su hoja con su nombre y la palabra "sociométrica" en el exterior de la página, y que deberían llenar las columnas según el criterio: a quien yo escogería para pasear conmigo? Una pequeña justificación debería seguir el nombre del integrante de la familia, explicando el porqué de haber sido encuadrado en la referida columna. (Una elección en la columna positiva significaría una persona de la familia que escogerían para pasear. Una elección en columna negativa significaba que no escogerían a tal integrante de la familia para pasear. Una elección en columna más o menos significaría que "no le importa" al individuo ir junto a alguien o no. Fue resaltado que todos los miembros de la familia deberían constar una única vez en la hoja, en alguna de las columnas, que solamente los otros tres miembros de la familia podrían ser escogidos, y de la importancia de la justificación. Se procedió de la misma forma para el test de percepción (como creo que fui escogido para pasear?), y se repitió el procedimiento para el segundo criterio: a quien yo escogería para contar un secreto? (como creo que fui escogido para contar un secreto).

Todas las hojas fueron recogidas para posterior corrección y ordenación. (Ver Apéndice I y II; los sociogramas se encuentran en el Apéndice III.)

Como restaba todavía la mitad de la sesión, hicimos una propuesta sociodramática/complementaria: que la familia hiciese de cuenta que serían "fotografiados" para el álbum de familia y deberían disponerse para tal. La hija inmediatamente se colocó: - "Mas el acto de que hagamos esto aquí va a ser diferente de si lo hiciéramos afuera. Sé que nosotros vamos a ser analizados, y el porqué cada uno está donde está."

La terapeutas explicaron que si, era verdad, y que tendrían esto en consideración. No obstante la "contaminación" de la situación terapéutica, creíamos que de igual manera saldrían datos pertinentes y provechosos. Deberían hacer lo mejor que pudiesen, que todos deberían estar de acuerdo, cada uno teniendo el poder de voto en caso que no estuviese satisfecho con la disposición, y que deberían trabajar la imagen hasta que todos estuviesen de acuerdo.

En poco más de un minuto, la imagen estaba hecha:

Pie de la Madre

Todos estaban sonriendo (a punto que las terapeutas comentaron entre sí y en voz alta, que estaban viendo la primera sonrisa del hijo desde que lo conocieron...) Como aquellos miembros estaban en un equilibrio precario, preguntaron si podían deshacer la imagen. Les pedimos que mantuvieran sus lugares un poco más (inclusive para que pudiesen sentir la precariedad de la situación, principalmente la de las mujeres) y luego fuimos solicitando a cada uno, a su vez, que se retirasen de su lugar de modo que pudiésemos acompañar los cambios físicos que se daban con la salida de cada miembro. Antes de guardar el trabajo en el tablado, la terapeuta y el auxiliar entraron en el lugar de cada uno para que pudiesen ver "de fuera" la foto. El hijo pidió un tiempo extra para observar, en su turno, porque le gustaba mucho observar fotografías. Fue el único momento en que consiguió permanecer por algún tiempo sin agitación (hecho que el mismo afirmo en el proceso de la imagen).

Comentarios:

l. El padre se dio cuenta que su salida poco alteró la imagen. Apenas la madre buscaba apoyarse, entonces, en los hijos. Sentía alivio por un lado, se dio cuenta de su salida con cierta tristeza, como si él no fuera tan importante en la estructuración de la familia.

2. Con la salida de la madre, el vínculo que unía padre e hijos se deshacía. (Esta imagen confirma la estructura de familia alcohólica encontrada en estudios anteriores, (Carvalho, 1987), donde la madre sirve de canal de comunicación entre el progenitor y sus hijos). Quedaba perfectamente clara la división de familia en dos partes. La hija no tendría más uno de sus puntos de apoyo y tendría que apoyarse más en su hermano. Su situación quedaba todavía más precaria. La situación del hijo poco se alteraba, más se mantenía la distancia entre él y el padre con la pérdida del lazo de unión.

3. Con la salida de la hija, la madre sentía un gran vacío, mas continuaba manteniendo su unión con el hijo a través de su pie, como si quisiese que él se aproximase más (lo que él no hizo.)

4. Al pedir que el hijo saliese, de afuera, se tenía la impresión que la "pirámide" se vendría abajo. Realmente hubo modificaciones significativas: la madre tuvo que buscar otro punto de apoyo para su pie (quedo encima del otro pie, como ella quiso remarcar), la hija perdía otro de sus puntos de apoyo y mal conseguía asegurar su posición.

Las siguientes observaciones fueron hechas por las terapeutas:

a) La madre servía de medio de comunicación entre hijos y padres.

b) Los hijos "cooperaban" con la madre para no colocarse en una dirección directa con el padre, ya que tuvieron la oportunidad de hacerlo y no lo hicieron.

c) El equilibrio del "lado femenino" era bastante precario. los hombres servían de puntos de apoyo (el padre para la madre, el hijo para la madre y la hija). Cuando la hija reclamo que "las mujeres son siempre discriminadas" la terapeuta observo que había sido el lugar que ellas habían escogido...

d) Estaba claro que el único problema de la familia no era la cuestión de la comunicación padre/hijo, y que había otros vínculos con dificultades. Se cuestionó la propia estructura de la familia como estaba.

Cerramos la sesión diciendo que iríamos a corregir el test sociométrico y a trabajar con los resultados en la próxima reunión. La familia salió menos nerviosa de esta entrevista, comprometiéndose en pensar sobre la imagen que habían construido.

Resultados del Test Sociométrico:

Cuando corregimos el test sociométrico para los dos criterios constatamos que la familia se encontraba dentro de una fase ideal para una intervención terapéutica: para el Criterio Uno, el Índice Télico Familiar era de 50%, limítrofe ("borderline") entre crítico y adecuado. En el Criterio Dos encontramos un índice de 41,5%, ya dentro de la fase crítica (Bustos, 1979) Encontramos también que habían dos incongruencias entre madre (-) e hijo (+) y los hijos (hija e hijo). También una mutualidad negativa entre el padre y el hijo, y una mutualidad indiferente entre padre e hija.

Tercera Sesión

Con excepción del hijo, todos llegan cinco minutos atrasados quejándose de flojera y somnolencia. La familia se sentó de la misma forma de la sesión anterior: el padre e hija de un lado, la madre y el hijo del otro, casi en situación de confrontación llevándose en consideración su posición frente a frente. Estas confrontaciones fueron confirmadas por la sociometría.

Propusimos a la familia trabajar en los resultados del test, lo que fue aceptado por todos. Distribuimos las hojas en que ellos habían colocado sus elecciones para el Criterio

Uno. Pedimos que, cada uno a su vez, leyese su elección sociométrica mientras los otros tres leían sus elecciones de percepción cómo habían escogido en la otra confrontación dato de percepción, cómo el otro imaginaba que habría sido escogido y leyeron sus justificaciones. El clima se tornó nervioso al ser revelados los datos, principalmente respecto a las justificaciones. La madre, principalmente, dio muchas explicaciones sobre sus elecciones.

Una vez concluida la lectura, devolvimos nuestros datos de corrección: las incongruencias y las mutualidades de cada uno. Propusimos trabajar en todas las incongruencias entre ellos a través de confrontación terapéutica así como las mutualidades negativas e indiferentes. Fue interesante notar que la única mutualidad positiva (madre/padre) surgió en forma de confrontación en el transcurrir la segunda parte de la sesión. La madre fue la primera en leer sus elecciones sociométricas, en cuanto los otros tres leían sus elecciones de percepción. El padre fue el último y se declaró distraído ("fuera del aire").

La primera confrontación efectuada fue entre la madre y el hijo. Fueron dadas las reglas de la confrontación terapéutica: cada uno se colocaba en el tablado, de frente al otro, con una almohada de cada lado. Leerían sus elecciones sociométricas y la justificación. La almohada servía para que terapeutas y/o miembros familiares no-confrontantes pudiesen hacer el "doble", esto es, podrían verbalizar sentimientos que no estarían siendo expresados con claridad. La confrontación terminaría una vez agotado lo que cada uno quería decir, aclarando así la relación.

El terapeuta-director se puso próxima a los confrontantes en cuanto que la terapeuta yo-auxiliar se mantenía más distante, en su silla, para eventuales intervenciones y de modo que pudiese mantener el contacto con los miembros no confrontantes. (Esta práctica de división de tarea es la norma psicodramática, Bermúdez, 1970.

Ambos (madre e hijo) leyeron sus elecciones. La madre había escogido al hijo en la columna del indiferente por la falta de frecuencia en que paseaban, mas quedaba muy claro que su elección real habría sido en la positiva. "Yo no te escogí en la positiva, porque creí que tú no irías a escogerme de la misma forma visto que hemos estado muy apartados". Confesaba su preocupación con la ausencia del hijo en casa (pasaba mucho tiempo en la calle, con sus amigos y programas) y también cuando estaba en casa, se cerraba en su cuarto. La madre tenía dudas si él hacia esto para "escapar de casa". El hijo le declaro que no: se sentía bien en casa, le gustaba almorzar con la familia, lo que siempre buscaba hacer, más que prefería sus programas a los de su madre. La terapeuta-directora, en lugar del hijo, apunto que era un comportamiento muy semejante al padre, que también se ausentaba mucho de casa. Todos los miembros confirmaron esta percepción. Los dos dieron la confrontación por terminada, salieron del tablado, mas continuaron conversando entre sí. La Directora sugirió que ellos volviesen al tablado ya que todavía había cosas por decir. El hijo se quejó de la "super-protección de la madre", lo que ella afirmó declarando que es "control", cosa que viene trabajando en su propia terapia. El hijo le aclara: "Lo que es bueno para ti (permanecer en casa) no es necesariamente bueno para mí". Reclama que a veces se siente obligado a quedarse en casa por agradarla.

La hija aclara algunos puntos que quería decir y el padre comienza a hablar de cómo ve a la madre. Los hijos "corren en socorro de la madre" y acusan al padre. La madre queda cada vez más nerviosa, abrazándose a una almohada. Las terapeutas marcaron la confrontación surgida y sugirió que la pareja subiese para conversar.

Como los dos dudaron en subir al tablado, principalmente el padre, las terapeutas insistieron que, para proseguir la confrontación, era necesario que así lo hiciesen, si no, no se podría trabajar en la confrontación. El padre solicito la cooperación de la terapeuta-directora porque sentía que en la familia él "hacia de Cristo". La terapeuta-directora le aseguró que defendería sus intereses. En el transcurso de esta confrontación, muy nerviosos todos, la terapeuta aclaro el acto de la madre, darse cuenta que sus hijos (se apoyaban en la ausencia del padre, conforme imagen "foto" de la sesión anterior) estaban creciendo y saliendo de casa y que ella se sentía muy abandonada por él. Esta aclaración hizo a la madre llorar y en éste momento casi se interrumpió la confrontación. En otro momento la terapeuta aclaro la dificultad del padre de ser diferente: que no se trataba de falta de amor y si, de su dificultad en desenvolver un vínculo más próximo. La hija quiso hacer una intervención en el desarrollo de la confrontación, lo que no le fue permitido ya que la confrontación estaba establecida entre la pareja. También el hijo quiso hacer intervenciones posteriores, y sugerimos que escribiesen sus dos colocaciones ya que reclamaban que las olvidarían. En la última aclaración de la terapeuta sobre el sentimiento de abandono por el marido, la madre interrumpió definitivamente la confrontación, en lágrimas. Habiendo ya agotado el tiempo de la sesión, no fue permitido a los hijos otras intervenciones (ya que llevarían a otras confrontaciones).

Las hojas fueron recogidas, se marcó la próxima sesión, entre protestas del hijo a quién se informó que parte del proceso de madurez consistía en el desarrollo de la capacidad de tolerar la frustración y saber esperar. También fue solicitado a la familia que llegasen puntualmente a la próxima sesión (en las dos últimas el hijo había llegado en el horario, mientras que el resto de la familia se atrasó diez minutos) para que se pudiese sacar mayor provecho del tiempo.

Comentarios

A pesar de las reglas de la confrontación de no permitir intervenciones por parte de los miembros no-confrontantes, en esta última confrontación fue especialmente importante la exclusión de los comentarios de los hijos a fin de marcar los límites de la relación de la pareja. Vemos la tendencia en esta familia de los hijos "socorriendo" a la madre del padre y la necesidad de los dos (madre y padre) de desenvolver un espacio solamente suyo, tarea esta especialmente importante en vista del hecho de que en pocos años, la pareja estará sola. Vemos también la importancia de la madre de desarrollar su capacidad de enfrentar el padre sin la ayuda de los hijos.

Otro acto que consideramos importante fue la oportunidad dada al padre de sentir consecuencias de su ausencia en las relaciones familiares: el cual es el resultado de su comportamiento "bohemio". En esta sesión, vimos una vez más confirmada la sospecha del alcoholismo paterno.

Cuarta Sesión:

La familia llegó con diez minutos de atraso. Les fue preguntado si querían retomar la confrontación de la pareja. El padre se mostró disponible, la madre no. Una vez señalada la negativa de la madre, el padre se rehusó a retomarlo (aparentemente aliviado porque la madre lo "había salvado" de enfrentar una nueva situación nerviosa.) Las terapeutas sugirieron que si apareciera la dificultad en el futuro se haría nueva confrontación y así la familia entra en acuerdo.

Al hijo le fue dada la oportunidad de exponer sus comentarios escritos de la sesión anterior y él prefirió esperar para exponerlos más adelante.

Se pasó a la confrontación de los hijos. En esta quedó clara la dificultad de comunicación entre los dos ya que la hija sentía que el hermano no estaba dispuesto a cambiar en absolutamente nada: "tiene que ser aceptado como es". Su voluntad tiene que imperar. Se trata de una confrontación donde muchos conflictos fueron aireados e incidentes pasados retomados, en especial una pelea relatada por los dos, donde la hija se había dirigido al hermano con palabras feas. Ella explica que su intención no fue de ofender, más que se trataba de una forma habitual suya, "malcriada" (sic) de dirigirse a las personas. El hermano le aclaro que no aceptaba que se le dirigiese la palabra de esa forma.

En el desarrollo del conflicto entre los dos, reclamaron la ausencia de la madre para arbitrar la pelea. La directora pide al Auxiliar que se colocase entre los dos confrontantes en papel de la madre para ver si facilitaría la confrontación. Los hijos concluyeron que su presencia les impedía ver uno al otro y que acababan por no resolver el conflicto.

Terminando la confrontación el padre indicó que pensaba de forma semejante al hijo (en cuanto a las palabras feas) y las terapeutas apuntaron el acto de que los dos son muy parecidos: no les gusta el uso de palabrotas, y en su rigidez no quieren cambiar en nada, mas quieren que los otros los acepten como son. Se marco también la difícil situación en que quedan las mujeres de la familia ya que para "vivir bien" tiene que ser según la regla de los hombres.

Comentarios

En esta sesión quedó clara la necesidad de los hijos de aprender a entenderse sin ayuda de la madre. No solamente a los padres les es necesario tener su espacio privado, sino también lo es para los hijos. Como fue apuntado en el final de la sesión, parece que hay reglas que necesitan ser renegociadas, entre ellas, como van a poder exprimir su rabia de formas aceptables a todos.

Quinta Sesión:

Esta vez, la familia llega puntualmente en el horario y se sientan: Padre y madre de un lado (por primera vez están sentados cerca uno del otro) y los hijos del otro lado, manteniendo cierta distancia entre sí.

La terapeuta-directora pregunta por la semana y todos responden que pasaron bien. Se hace silencio. La hija entonces pregunta a las terapeutas como deben actuar fuera del consultorio en relación a las confrontaciones hechas en la sesión. Intrigada por el porqué de su pregunta, ella explica que después de la última sesión su hermano retomó la confrontación con ella, y que la molesto mucho. El hijo interrumpe para explicar, mas la hija continúa su discurso. La madre a esta altura comienza a "explicar" como fue la conversación entre los hijos. Hace comentarios nuevamente sobre el comportamiento de los hijos en casa. Retoma la cuestión de las palabrotas que había sido discutido en sesiones anteriores y explica que las reglas no son tan rígidas como parece. El padre apoya esta explicación. Se tiene la impresión que ellos quieren mostrar una imagen diferente a las terapeutas, la de "familia liberal". La terapeuta-directora apunta que en cuanto están conversando sobre estas cosas no están teniendo que hacer las confrontaciones que restan. La terapeuta-yo-auxiliar aclara a la familia que faltan todavía dos confrontaciones: La incongruencia entre Padre e hijo. La terapeuta-directora una vez más apunta la dificultad para dar inicio a estas confrontaciones. La madre comienza a hablar, comentando esa afirmación. La terapeuta-directora le interrumpe a cierta altura para apuntar que en cuanto ella está hablando, las confrontaciones no necesitan ser hechas. Con bastante delicadeza y humor la terapeuta-directora le sugiere una experiencia: que ella se mantenga callada en lo restante de esta sesión. Le parece una sugestión no necesaria (hace una expresión de desagrado) mas acepta, citando que se había dado cuenta de esto en su terapia individual, mas que no había aprendido a manejar tales situaciones. Delante del nuevo silencio la hija se ofrece para hacer la confrontación con el padre.

La hija se queja de la distancia del padre, de su ausencia. Comenta que él es muy diferente en "la calle" (y en el bar que frecuenta). Reclama que jamás la llama para salir o pasear y que tampoco acepta las invitaciones que ella le hace. A pesar de que a los dos les gusta la música, indica que ni a través de la música ellos se relacionan. Se muestra bastante ansiosa en el transcurrir de toda la confrontación e irritada con las ironías del padre.

Como respuesta a las quejas de la hija, el padre promete "llevarla para tomar helado de frutilla"; de forma más seria le dice que la ama mucho y que aprecia su interés por la música. La hija reclama que ya oyó esos comentarios muchas veces, mas lo que a ella le gustaría es que el demostrase ese amor y admiración con actos. (Aquí ella cita una serie de acontecimientos que muestran el desinterés y la desatención del padre). El padre se disculpa, diciendo que no puede cambiar lo que ya fue, no puede modificar el pasado, etc., y promete hacer un esfuerzo mayor en el futuro ya que se dio cuenta que eso es tan importante para ella.

Durante la confrontación la madre se muestra intranquila, cambia de expresión facial mientras el hijo acompaña todo atentamente. Al terminar la confrontación es dada a la madre la oportunidad de hablar y nuevamente comienza a "hablar por los otros. La Terapeuta Directora hace una observación de esto. El padre aclara que prefiere cuando ella habla que verla callada - su silencio le incomoda mucho. La Terapeuta Directora apunta que parece que el hablar de la madre cumple la función de "salvar a la familia" de situaciones pesadas. De esta forma ella también se priva de hablar de sus cosas personales.

La terapeuta-directora señala tarea para casa: el padre y la hija deben salir juntos para pasear durante la semana. El padre pregunta a la terapeuta donde deben ir y ella le responde que esto está a cargo de los dos, ellos deben marcar y decidir su paseo.

Queda marcado para la sesión siguiente la tan esperada y temida confrontación entre el padre e hijo.

La próxima sesión es cancelada por una llamada de la madre a la terapeuta-directora que explica que el hijo viajo en los feriados y no estaría en la ciudad en el día de la sesión. Se marca la próxima sesión para el horario habitual.

Comentarios:
Algunos puntos importantes deben ser resaltados en esta sesión:

a. Una vez más fue demostrada la "Política intervencionista" de la madre que ayuda a cubrir otros conflictos en la familia. Al pedir que ella se calle, se le ofrece la posibilidad de ejercitar una nueva forma de comportamiento: callarse delante de las dificultades de los otros.

b. Queda claro que la reserva de la madre le conviene al padre ya que oculta su propia dificultad de hablar y relacionarse con los otros. Su intervención sirve para "salvarlo" también de un relacionamiento más íntimo con sus hijos.

c. Con la confrontación, se abre el canal de comunicación entre la hija y el padre, queja de ella que emerge en el transcurso de la terapia y que no ha sido tan claramente expresada como queja inicial de la familia.

d. El hijo comienza a ejercer auto-control y no interrumpe con su frecuencia habitual.

Sexta Sesión
Esta sesión fue iniciada preguntándose al padre/hija sobre el cumplimiento de la tarea. La hija relata que el padre llegó a marcar y comprar boletos para salir juntos a una presentación musical, más que a última hora el padre la llamó del bar anulando el encuentro. La hija fue sin él.

El padre se justifica explicando que no tuvo importancia, que el show no era bueno y que él había comprado los boletos para ayudar al artista. Se disculpa diciendo que a la hija no le había importado y que fue sola.

La hija responde diciendo que acabó yendo solita porque no había más tiempo de conseguir alguien que la acompañase y que el show no fue tan malo así.

La terapeuta-directora muestra la dificultad del padre en cumplir la tarea. Señala que él prefirió quedarse en el bar a salir con la hija. El padre protesta inicialmente ("no es así"), ironiza ("voy a intentar otra vez; la llevo al parque"). La madre interviene para marcar el paralelo del comportamiento del padre con la hija en relación a la pareja: que muchas veces el también ha marcado encuentro con ella y a última hora anulaba. Cuando la conversa comienza a dispersarse la Terapeuta-directora señala que hay una actividad propuesta para esta sesión: la confrontación padre-hijo.

Se arma el escenario como de costumbre, el padre titubea y pide apoyo. El hijo sube para el tablado medio avergonzado. Su disposición en el tablado demuestra dificultad en enfrentarse: No se miran de frente, no parece ni siquiera que estuvieran hablando uno al otro, eso es señalado. El hijo tiene dificultad en relatar sus quejas y ejemplificar situaciones de conflicto.

El padre indica básicamente que le gustaría que el hijo confiase en el, que "se abriese" y pidiese consejo antes de hacer "burradas" en vez de buscarlo apenas sienta que sus cosas no van bien o cuando necesita dinero. ("Tú sabes encontrarme para pedir dinero, porque no me buscas para pedir consejo?").

El hijo le responde que no lo busca para pedir consejo porque su "consejo" es una "riña", principalmente si el hijo no hace lo que se le es aconsejado. El hijo también reclama que es tratado como niño y que desea descubrir algunas cosas solito, por sí mismo y que considera que va madurando de esa forma.

El impase entre ellos queda claro, ya que cada uno quiere que el otro tome la iniciativas de cambio - una vez más, una situación de espejo. Ambos dejan claro que sienten que el otro no lo oye.

Terminan la confrontación aceptando que sus actitudes similares los apartan uno del otro. No presentan propuestas concretas de cambio.

Durante la confrontación, la madre y la hija se mostraron muy inquietas, especialmente la madre.

La Terapeuta-directora propone que se den dos semanas para el próximo retorno para que tengan la oportunidad de cumplir el criterio 1 con aquellos miembros de la familia que habían escogido en la columna positiva. En esta sesión, la familia cuestiona su disponibilidad real de efectuar cambios y si deberían seguir o no con la terapia si fuera comprobado que no querían cambiar. Se marca una evaluación para la próxima sesión utilizándose el cumplimiento del criterio como medio evaluativo.

Comentarios:

Esta sesión fue importante para que los hombres pudiesen darse cuenta:

1. Sus actitudes en común, formas de comportarse similares uno al otro. Ambos son rígidos, sin inclinación para grandes cambios y quieren ser aceptados como son. Quieren que el otro cambie para acomodarse a su propio modo de vivir.

2. Los dos solos se dieron cuenta como fueron obligados a reconocer y asumir la verdad de tales constataciones.

Séptima Sesión: (Final)

Todos llegan atrasados, el hijo primero y después los otros integrantes de la familia. La madre explica que no tenían seguridad si el hijo vendría o no ya que estaba viajando, y que los otros ya habían resuelto que sería la última sesión, en caso de que el viniese o no. El hijo explica que vino directo de la hacienda, en un esfuerzo grande de estar presente, demostrando para todos la importancia que le daba a la sesión terapéutica.

La madre y el padre continúan sentados juntos, solo que ahora están bien próximos uno del otro. Se nota una integración mejor entre ellos. La relación de los hijos parece estar menos tensa.

Las terapeutas preguntan por el cumplimiento del criterio, y la familia describe las "pseudo-realizaciones": salieron todos juntos en el cumpleaños de la madre, el hijo se encontró casualmente con los padres y quedo conversando con ellos en el bar. El padre y la madre fueron a un show con la hija y su enamorado ("Yo y mi padre nos sentamos juntos, lado a lado, y conversamos - valió, no?").

La madre relata que cumplió con dificultad la solicitación de la sesión anterior de no servir de portavoz entre el padre y los hijos, más que en dos momentos se dio cuenta entrando en el juego de nuevo. Se dispone a continuar en este esfuerzo de no servir de mediadora entre los miembros familiares e informó su decisión de retomar su terapia que había interrumpido con la terapia familiar.

Se hace una evaluación del trabajo terapéutico hasta entonces. Quedaba claro que sería la última sesión, inclusive porque la Terapeuta yo-auxiliar estaría saliendo de permiso-gestante en los próximos días.

El hijo aclara que no había pensado mucho, pero que se había dado cuenta de muchas cosas sobre sí mismo, sobre los otros miembros de la familia y sobre sus relaciones.

La madre expresa cierta insatisfacción por no haber conseguido su objetivo (implícitamente, cambios en el comportamiento del padre); relata que se da cuenta que hay una mayor aproximación entre los dos hijos, lo que ellos, un poco sorprendidos con la constatación, afirman.

La hija afirma que su relación con el hermano ha mejorado más que, fuera de eso, no ha notado grandes cambios - solamente que se ha aclarado lo que ella ya sabía sobre la familia.

El padre expresa que también nota mejor las cosas y que ahora "soy omiso por opción".

La terapeuta-directora hace una evaluación de cada uno, afirmando lo que cada uno ha expuesto y complementando: para el padre, que ahora él tenía la opción de ser omiso, esto es, ahora él podía conscientemente escoger beber o relacionarse con su familia (injunción paradojal) y la familia, que tendrían que respetar su elección y convivir con ella; para el hijo, demostraba un cambio significativo en su capacidad de oír al otro. (En esta sesión, cuando él ha interrumpido el discurso de la madre, ha retomado la conversación de la madre y reconocido que le ha interrumpido y pidió que continuase.) Se afirmó en la madre su sufrimiento y se impulso ella misma para retomar su terapia ya que ha hecho esa promesa.

La Terapeuta también indica a los hijos la importancia de lo que anotaron para sus futuras elecciones maritales y consiguiente relacionamiento familiar que fuesen a construir. Expresa su satisfacción de haber trabajado con ellos y de haber sido digna de confianza al exponer sus dificultades íntimas.

La terapeuta-yo-auxiliar hace una evaluación similar, acrecentando que admiraba a la madre en su esfuerzo para intentar cambiar a los otros y de invertir tanto solamente en la familia; afirmaba su deseo de invertir más en sí misma en el futuro para aliviar la fuente de frustración que sentía y que no le servía de crecimiento. También fue señalada la semejanza entre el comportamiento de la madre y la hija; y que lo que el padre llama de omisión se trata de su dificultad de establecer vínculos afectivos más profundos que podrían ser trabajados en su propia terapia individual que seguía adelante. Resalta la importancia de la percepción real de la familia como forma de cambio.

Las terapeutas cierran la sesión solicitando un retorno para de ahí a cuatro meses, lo que quedó acordado. También se solicitó autorización para la publicación del estudio de caso, resguardando el sigilo y la privacidad de la familia, con lo que todos fueron unánimes en permitir.

Comentarios:
En esta evaluación dos cosas quedaron claras:

1. Algunos cambios reales que algunos miembros tuvieron, principalmente la madre (que quiere cambiar su forma de actuar con la familia y hace propuesta concreta en esta dirección, la búsqueda de la terapia) y el hijo, que da muestras de su cambio ya en la propia sesión terapéutica.

2. Paradojalmente, la dificultad de la familia es cambiar. Entre la quinta y la sexta sesión, cuando la madre llamó a la terapeuta-yo-auxiliar para cancelar la sesión, la confidencia de que el hijo piensa en vivir junto con una enamorada que está esperando familia de otro joven. Este asunto jamás surgió en las sesiones y no fue tratado por las terapeutas, ya que el contenido a ser trabajado en la sesión tendría que restringirse a lo que fue colocado en la misma. Mas señala los secretos familiares y su dificultad en tratar algunos temas de la realidad. Por otro lado, terapia no implica necesariamente un cambio, más si, una adecuación. Si la familia asume no cambiar es un derecho que le asiste, lo que fue explícitamente señalado al padre - que él podría seguir tomando, pero consciente de que ésta era su opción.

Discusión del Caso
En el momento en que se describe este estudio de caso, todavía no ocurre el retorno de la familia, de donde se espera afirmar los resultados finales con la repetición del test

sociométrico como evaluación final. Más se puede desprender, delante de la evaluación de la familia a los terapeutas, que valió la pena tener aclarada la situación familiar o lo que devuelve a la familia la posibilidad de opciones: cambiar o de seguir como están. Una vez aclarados los vínculos es imposible volver a la convivencia inconsciente anterior ya que no se puede volver a no saber lo que pasa en la familia. Y vemos que la convivencia mejoró entre los miembros, por lo menos a nivel de constatación clínica: los hijos se entienden mejor, la madre hizo la promesa de continuar cambiando, el padre asume su "omisión", el hijo aprende a oír a los otros y respeta a los que son diferentes a él mismo.

Concluimos, inicialmente, que este método de intervención puede ser útil en el desarrollo de los vínculos familiares. Como fue expuesto a la familia en la penúltima sesión, esta fase de la terapia fue una fase eminentemente diagnóstica y que, en caso de que se quisiesen trabajar en cambios reales en la integración familiar, se podría trabajar específicamente en este sentido, y que ésta no había sido la opción final de la familia. Vemos que el test sociométrico es un instrumento útil en cuanto al diagnóstico y que las confrontaciones terapéuticas pueden servir de instrumento de esclarecimiento y cambio dentro de la familia.

Discusión de los datos

Criterio Uno

El índice de percepción (IP) de la familia está abajo de 50% (media 49,5%) y que solamente la hija está sintiendo a sus integrantes con claridad, en este caso, con precisión, ya que su índice de percepción fue de 100%. Esto fue confirmado en su declaración final: "quedo claro lo que yo ya estaba notando".

Por otro lado, solamente el mensaje emitido por el padre está claro: lo que también fue confirmado por la familia - "él es quien dificulta el relacionamiento" ya que si una persona emite mensajes que no son claros, quien tiene que notarlos solamente lo hace con dificultades.

La madre y el hijo fueron los que presentaron índices (media de percepción/emisión) más bajos, mas fueron los que mayores cambios presentaron y que delataron con la terapia han aclarado sus percepciones.

El índice Télico Familiar cayó dentro de un límite fronterizo solamente por el IP=100% de la hija, y el IE=100% del padre. Caso contrario, ya en el Criterio Uno (vínculo más superficial) habría sido dentro de un límite crítico.

(Para sorpresa general), es sorprendente notar que, en este criterio, la estrella sociométrica (mayor número de mutualidades) es el padre. Lo que nos lleva a suponer que el cumple una función de organizador familiar (ya que este funciona de estrella sociométrica). Tal afirmación indican los estudios de Steinglass (1976) sobre la función del alcoholismo en la familia alcohólica como elemento de la cohesión grupal.

Criterio Dos

Los datos en el criterio dos son más bien discriminativos. Algunos comentarios más importantes:

Aparecen aquí índices = cero (madre, IP, padre, IE). Vemos que en un nivel más íntimo las personas se conocen peor. El padre que era bien conocido en un vínculo más superficial, pasa a ser la persona más mal conocida en un nivel más íntimo. Realmente posee dificultad en expresar lo que siente más íntimamente, ya que los otros no consiguen notar lo que él piensa estar trasmitiendo. La madre nota mal a todos los otros, en cuanto que el padre los nota significativamente mejor. (IP = 67%); más emite mensajes tan claros que es bien notado por todos (IE = 100%).

El índice Télico Familiar en este caso (41,5%) justifica la intervención terapéutica. No hay una estrella sociométrica bien definida, mas serían la madre y el hijo (mutualidad = 2) en caso que se tuviera que escoger. Podemos levantar la hipótesis del hijo parcializado en esta situación, a pesar de que como el grupo es pequeño solo se puede hablar en tendencia, y no en rigor estadístico.

Una vez más, estos datos afirman aquellos levantados en la tesis (Carvalho, 1987) sobre la estructura de familias alcohólicas.

Epílogo

Luego de haber entregado este artículo para publicación, la segunda autora pudo entrevistar a la familia de este caso de estudio, tres años después de haber realizado estas sesiones. La Familia estaba muy abierta a que se les entrevistara; entrevista que duró dos horas. La hija se había casado un año antes de esta entrevista y se había mudado a un pueblo lejano. Su boda se realizó en el mismo día del vigésimo quinto aniversario de sus padres. El padre se había jubilado y gozaba mucho de aquel tiempo. Él mencionó que ahora podía dar más tiempo a su familia. La madre se hallaba más tranquila y menos ansiosa. El hijo había logrado su título universitario, tenía un trabajo en su especialización y vivía en casa.

La terapeuta pidió que los tres miembros de la familia estructuraran una imagen, usando los cojines del consultorio de tal manera que expresaran un cuadro de cómo era la condición de la familiar antes y después de la terapia administrada anteriormente. Por lo que la hija se había casado y mudado, ella no fue incluida en la imagen de "pos terapia".

La familia informó a la terapeuta que ahora se sentían mejor pero no lo atribuían a la terapia familiar. Ellos creían que el mejoramiento era resultado directo de la crisis que pasaron como familia, la cual les unió más: el matrimonio de la hija y el arresto del hijo por encubrir (ingenuamente?) a un amigo que vandalizó un automóvil. Luego del arresto del hijo, la familia se vio en la necesidad de cambiar algunos aspectos de la interrelación. El padre desarrolló una relación más estrecha con su hijo, que por ende hizo que el hijo tuviera más conciencia de sus actos. Este cambio en su relación ayudó al hijo a evitar problemas subsecuentes.

El hijo aún se quejaba de dificultades personales y que estaba seriamente considerando acudir a un tratamiento de terapia personal. La madre extrañaba a su hija y a veces se sentía molesta que su marido pasaba todo el tiempo en casa. También expresó que guardaba celos por la relación estrecha que habían desarrollado el padre y el hijo El alcoholismo del padre no parecía ser mayor problema, aun que la madre todavía tomaba medicamentos para la ansiedad y el padre tomó litio por corto tiempo.

Nosotras las dos terapeutas llegamos a la conclusión que las confrontaciones sociométricas ayudaron abrir vías de comunicación que llevaron a la posibilidad de mejores soluciones de la crisis. El problema presentado - la relación padre/hijo - fue resuelto, y la familia logró mayor libertad para salir y llegar. La hija se casó. El hijo no se casó con la amiga embarazada como pretexto para escapar de la casa, aunque logró llamar la atención de su padre al ser arrestado. El problema con el alcoholismo del padre se resolvió. La mayoría de los sentimientos expresados en esta entrevista parecían estar de acuerdo con las circunstancias.

El hecho que la familia pudo efectuar los cambios necesarios en los tiempos apropiados puede que nos haga creer que ahora hay mayor flexibilidad en dicho sistema familiar. La madre de conduele la pérdida del "control" sobre los hijos y es posible que esté padeciendo en parte el síndrome del nido vacío porque ella y la hija fueron tan allegadas.

Las autoras creen que los resultados preliminares de la implementación de la prueba sociométrica en conjunto con las confrontaciones terapéuticas son lo suficiente óptimos como para justificar mayor investigación.

Conclusión:

El test sociométrico puede ser utilizado como instrumento de diagnóstico familiar y que los resultados preliminares (test) fueron confirmados posteriormente por la intervención terapéutica, a través de confrontaciones.

Referencias:

Bustos, D. (1979) O Teste Sociométrico. São Paulo: Editora Brasiliense.

Carvalho, E. (1987) A Estrutura Sociométrica de Famílias Alcoólatras, tesis de masterado, University of Brasilia.

Rojas-Bermudez, J. (1970) Introdução ao Psicodrama. São Paulo: Editora Mestre Jou.

Steinglass, P. (1976) Experimenting with Family Treatment Approaches to Alcoholism, 1950-1975: A Review. *Family Process.*

Anexo 1 Criterio 1

	Padre	Madre	Hijo	Hija
Padre	xxxxxxx / xxxxxxx	1+ / 1+	1± / 1-	1± / 1±
Madre	1+ / 1+	xxxxxxx / xxxxxxx	2± / 1+	1± / 2+
Hijo	1- / 1-	1+ / 1+	xxxxxxx / xxxxxxx	1± / 1±
Hija	1± / 1+	2± / 1-	2+ / 1-	xxxxxxx / xxxxxxx
Mutualidades	3	1	1	1
Incongruencias	0	2	2	2
IP(%)	33	33	33	100
IE(%)	67	33	33	67
IT(%)	67	33	33	67
ITF = 50%				

Anexo 2 Criterio 2

	Padre	Madre	Hijo	Hija
Padre	xxxxxxx / xxxxxxx	2+ / 1-	1+ / 1+	1- / 1±
Madre	3± / 2+	xxxxxxx / xxxxxxx	1± / 1-	2± / 1+
Hijo	1- / 1-	2+ / 2-	xxxxxxx / xxxxxxx	1+ / 1+
Hija	1- / 1-	2+ / 1+	1+ / 1±	xxxxxxx / xxxxxxx
Mutualidades	3	1	1	2
Incongruencias	3	1	1	1
IP(%)	67	0	33	67
IE(%)	0	100	33	33
IT(%)	33	50	33	50
ITF = 41.5%				

IP = Índice de Percepción; IE = Índice de Emisión; IT = Índice Télico; ITF = Índice Télico Familiar

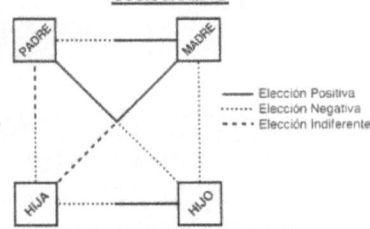

SOCIOGRAMA 1

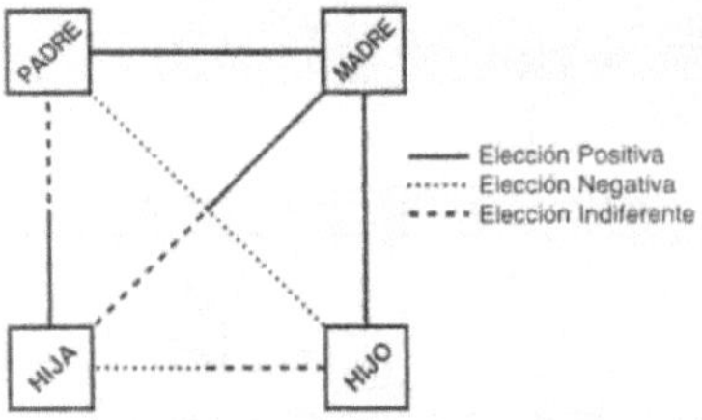

PADRE — MADRE — HIJA — HIJO

Elección Positiva
Elección Negativa
Elección Indiferente

FIGURA 2. Sociograma Criterio 1

SOCIOGRAMA 2

PADRE — MADRE — HIJA — HIJO

Elección Positiva
Elección Negativa
Elección Indiferente

FIGURA 3. Sociograma Criterio 2

Psicodrama y Consejería Cristiana [4],
Esly Regina Carvalho, Ph.D.

El psicodrama empezó en 1921 con J.L. Moreno, un médico que emigró a los Estados Unidos desde Austria en 1925. Blatner define el psicodrama como:

"Un método de psicoterapia donde los pacientes dramatizan los eventos relevantes de su vida en vez de sólo hablar sobre ellos. Esto significa explorar a través de la acción no solo los eventos históricos sino, más importante, dimensiones de eventos psicológicos que no se topan normalmente en el proceso dramático convencional: pensamientos no hablados, encuentros con los que no están presentes, la expresión de las fantasías sobre las que otras personas tal vez piensan y sienten, imaginar posibilidades futuras, y muchos otros aspectos de la fenomenología de la experiencia humana."[5]

Aún antes de salir de Vienna, Moreno ya estaba trabajando activamente, como pionero de muchos conceptos que la mayoría de los terapeutas hoy toman por sentado: términos como "psicoterapia de grupo", "métodos de acción" y "calentamiento." El psicodrama, en su definición más inclusiva, ha desarrollado una variedad de aplicaciones: psicoterapia de grupo, "role-play" clínico, supervisión, terapia de pareja y de familia[6], juegos dramáticos, el jugar, sociodrama, y comunidad terapéutica; y también nuevas ramas como el "playback theater" (o teatro de reprise como es llamado en Brasil) desarrollado por Jonathan Fox. El psicodrama ha influenciado a muchas escuelas de terapia: Fritz Perls (gestalt y la "técnica de la silla vacía"); Virginia

---

[4]Publicado originalmente en ©1998 Christian Counseling Today: *Psychodrama and Christian Conseling*. Vol. 6 (4). Reprinted by permission. Con autorización.

[5]Blatner, A. (1988) *The Art of Play: An Adult's Guide to Reclaiming Imagination and Spontaneity*. (New York: Human Sciences.

[6]Williams, A (1989) *The Passionate Technique: Strategic Psychodrama with Individuals, Families and Groups*. London: Routledge.

Satir (terapia familiar y la "escultura de la familia" - a lo que Moreno llamaba "sociogramas en acción"); Eric Berne (y el análisis transaccional). Quizás uno de las novedades más interesantes para cristianos es el Bibliodrama[7] desarrollado por Peter Pitzele, un derivado del Midrash, una forma vivencial de narrar los cuentos judío/bíblicos.[8]

Porque el psicodrama es tan afín con la consejería cristiana?

Uno de los aspectos más atractivos del psicodrama para los cristianos es el hecho que es tan "amigable" ("Christian user-friendly"[9]). Aunque Moreno era de una familia judía sefardita, tenía mucha simpatía hacia al cristianismo. Una vez dijo que "el cristianismo puede ser considerado como la forma más creativa y poderosa de psicoterapia jamás inventada."[10] El aprecio de Moreno por las cualidades sanadoras de la religión, un concepto que iba en contra del pensamiento psicológico corriente de este siglo, es un hilo que atraviesa a todas sus obras.

Moreno visualizó una religión basada en el reconocimiento de la semejanza divina en cada persona y la posibilidad de revelar la capacidad creadora en cada persona. La expresión de estas creencias religiosas seria en la acción y la interacción con otras personas según los principios de espontaneidad y creatividad en cada individuo.[11]

---

[7]Pitzele, P. (1995) *Our Father's Wells: A Personal Encounter with the Myths of Genesis.* New York; HarperCollins Publishers.

[8]Pitzele, P (1998) *Scripture Windows: Towards a Practice of Bibliodrama.* Los Angeles, CA: Torah Aura.

[9]Firestone, R. (1994) Comunicación personal.

[10]Moreno, J.L. (1966) *Fundamentos de la Sociometría.* Buenos Aires:Editorial Paidós.

[11]Hale, A. (1981) *Conducting Clinical Socimoetric Explorations: A Manual for Psychodramatis and Sociometrists.* Roanoke,VA: Royal Publishing House.

Si consideremos el *imago dei* en todos los seres humanos, podemos empezar a ver como la terapia psicodramática puede ser una manera de sanar y desarrollar la imagen de Dios que fue rota por el pecado en cada uno de nosotros. El Espíritu Santo es la "chispa divina" que nos sana desde adentro y nos orienta para que podamos ser más con Jesús, el ejemplo perfecto de espontaneidad[12] y creatividad.

Otro aspecto del psicodrama que lo hace tan maravillosamente apropiado para la consejería cristiana es que retrata a los seres humanos desde una perspectiva de relaciones e interacciones. El psicodrama es relacional del principio al fin, en una vena muy similar al evangelio cuando Jesús enseña que el mandamiento más grande es el de vivir en una relación correcta con Dios, con uno mismo, y con su prójimo (Marcos 12:29-31). Moreno desarrolló las herramientas y técnicas que hace posible no sólo el entender a nuestra interrelación (sociometría), pero también como tratar a nuestras relaciones. El postuló que si nos enfermamos en las relaciones humanas, también debemos sanarnos en las relaciones, un servicio "terapéutico" que el cuerpo de Cristo debe ofrecer a todos los que se hacen miembros.

En cuanto la mayoría de las terapias verbales pone énfasis en el formato verbal de sanidad, el psicodrama trae a la psicoterapia las acciones del lenguaje corporal, "role-play", y ensayo de conductas. Ya que la mayoría de lo que nos sucede es una experiencia integral, (y no apenas verbal), las técnicas del psicodrama permiten la reproducción de la vida de tal manera que puede ser re-vivenciada, comprendida, reafirmada, procesada y nuevas conductas puede ser ensayadas en un ambiente seguro, y protegido. Las

---

[12]La espontaneidad, según Moreno, es la habilidad de "dar una nueva respuesta a una situación antigua o una respuesta adecuada a una nueva situación". (Blatner:64)

relaciones entre los miembros del grupo "reproduce" las de la sociedad así como las formas personales de relacionarse bajo un "microscopio" grupal, dándonos la oportunidad de ver *in loco* como los miembros interactúan, darles retroalimentación, y también trabajar relaciones conflictivas con la propuesta de aprender nuevas formas de interacción.

El formato básico del psicodrama

El formato básico del psicodrama exige un director (el terapeuta), un yo auxiliar (co-terapeuta o miembros del grupo), un escenario (donde se hace las dramatizaciones), la audiencia (otros miembros del grupo), y el protagonista (el miembro del grupo elegido para trabajar su problema). La belleza de esta estructura es que permite al protagonista proyectar sobre el escenario lo que quiera. La historia pertenece al paciente y no al terapeuta. Se puede trabajar cualquier cosa que se le ocurra, desde su imaginación creativa e incluyendo metáforas y temas religiosos, tales como la relación entre Dios.[13] Una vez que los diferentes objetos/personas estén sobre el escenario, el protagonista tiene la oportunidad de explorar a un nivel concreto su significado y lo que él o ella quieren hacer con esas cosas. El protagonista intentará distintas maneras de lidiar con sus temas con la seguridad que si no funciona sobre el escenario como quiere, el cliente puede borrarlo, intentar otra vez, o volver a como las cosas eran antes.

El beneficio adicional del psicodrama es que provee al paciente un espacio donde conversaciones específicas pueden ocurrir. Muchos pacientes son animados por sus terapeutas a conversar con las personas significativas con las cuales han tenido dificultades. A veces, esa persona no se encuentra porque ha muerto o vive a gran distancia, o a

---

[13]Una descripción detallada de un taller de este tipo se encuentra en el artículo, "Christian Reconciliation: A Psychodramatic Contribution", *Journal of Psychology and Christianity*, 5(1), 1986:5-10,

veces no es lo más prudente. En cambio, el escenario psicodramático ofrece una oportunidad única para concretar tales conversaciones. La sanidad que ocurre en esas circunstancias es permanente e irreversible. Hasta cuando no paso con la persona "real", hay una conversación *real* y una resolución *real*.

Tal vez la perla en la corona de técnicas psicodramáticas morenianas es la inversión de roles. Invertir los roles con alguien significa sentir los sentimientos de la otra persona; nos permite vislumbrar el alma de la otra persona; nos da una nueva perspectiva sobre cómo piensa el otro; y posiblemente nos permite descubrir lo que hace con que esa persona haga lo que hace. A veces significa morir a las opiniones que antes teníamos al respeto de la persona y sus motivaciones. Es imposible volver al rol de sí mismo después de una inversión de roles sin ser cambiado. Uno sabe algo que no sabía antes.[14]

Tal vez el ejemplo más supremo en la inversión de roles es el de Dios, cuando asume la forma humana en la persona de Jesucristo. Es interesante ver (como psicodramatista, y no como teóloga) que la obra redentora de la salvación culmina en la cruz, cuando Dios tomó la forma de la persona de Jesucristo e invirtió roles con la humanidad, sintió nuestra agonía, nuestro pecado, y nuestro estado perdido, y muere en nuestro lugar. La resurrección es el sello final que establece nuestro acceso al Señor. Y desde ahí, nada nos puede separar del amor de Dios.

---

[14]Un ejemplo de inversión de roles se encuentra en un estudio de caso sobre aborto, Carvalho, E. y Monteiro, A. (1990) Re-matraxing an Experience with Abortion, *Journal of Group Psychotherapy, Psychodrama and Group Psychotherapy*, 43 (1), 19-16.

Sociodrama: Un perfil de Pastoras,
Esly Regina Carvalho, Ph.D.

Historia

En el mes de noviembre, 1991, en Curitiba, Brasil, un grupo de más de 80 pastoras ordenadas (de las Iglesias Metodistas, Luteranas, etc.) se reunieron para participar en esa conferencia regional sobre el rol de pastoras. Hay pocas mujeres en Brasil que hayan estudiado teología en el seminario y que sus denominaciones las hayan ordenado ya que hay mucha discusión sobre la ordenación de mujeres. Esas mujeres enfrentaban mucha discriminación, incluso por parte de la iglesia, y la oportunidad de estar juntas y conversar sobre sus situaciones era algo bien especial.

Pasamos dos noches trabajando los diferentes aspectos del ministerio y sus implicaciones. La experiencia a continuación ocurrió en la primera noche.

Descripción

Más de ochenta mujeres de varios lugares del Brasil se encontraron para intercambiar información, compartir sus experiencias y estudiar sus perspectivas como mujeres en el ministerio pastoral. Varias eran casadas, algunas con pastores, pero muchas otras eran solteras.

Cuando empezamos, pedí a cada participante que hiciera un dibujo de su situación actual en su ministerio pastoral. A cada una de las participantes se le dio un papel en blanco para esa finalidad. Una vez que terminaron los dibujos, les pedí que se dividieran en grupos de cinco o seis miembros y que compartieran sus dibujos. Como parte de las instrucciones, les indiqué que deberían escoger el dibujo que mejor ejemplificaría lo que el grupo había compartido y con lo que cada una se sintiera identificada.

Resultaron nueve grupos y cada miembro cuyo trabajo había sido escogido pasó al frente, después del trabajo en pequeños grupos y compartió su dibujo con el grupo grande. Una vez que todas compartieron, "se hizo una votación". Las nueve representantes de cada grupo se pararon al frente con sus dibujos puestos en el piso frente a ellas. Las demás hicieron una fila adelante del dibujo con el cual más se identificaba. Ya que hubo dos grupos que tuvieron igual número de votos, se les pidió a las personas de los otros siete grupos que volviesen a votar por uno de los dos dibujos que tuvo votos empatados. El dibujo elegido ganó por un margen de cuatro votos.

Yo había puesto una cinta pegante blanca al piso para demarcar el escenario y les expliqué que en "este escenario" todo era posible. En seguida, pasamos el dibujo de Anita al escenario, pero los elementos del dibujo serían elegidos entre las participantes. Anita las iban eligiendo e invirtiendo de roles con cada una.

Ella pidió que tres mujeres representasen las raíces de un árbol muy sólido. Según Anita, el ministerio tenía sus raíces profundas en la fortaleza que es Dios, el Autor de la Vida. Esa Vida generaba el tronco (eligió más tres mujeres para representarlo). El tronco portaba la savia, el elemento vital que nutría a aquellos que entraban en contacto con ello. El copo del árbol lo representaron unas diez mujeres en diferentes posiciones. Esas eran las personas a quienes las pastoras servían: la Iglesia y aquellas personas que estaban involucradas en los ministerios fuera de la Iglesia. Algunas personas eran frágiles y vulnerables, otras sufrían; todas necesitaban ayuda y servicio. Finalmente, dos mujeres representaban las hojas que caían y morían. "Esas son las hojas que caen al suelo y mueren, pero se convierten en la semilla de donde nacerán nuevos árboles."

Anita escuchó a las mujeres mientras cada una repitió lo que ella había dicho en su puesto. Después se le pidió a cada una de las participantes que expresasen sus sentimientos desde el rol que estaban representando. Algunas expresaron sentimientos de impotencia y frustración, incapaces de cumplir todas las tareas que se les pedían. Otras expresaron el gran amor de Dios y gratitud por lo que El estaba haciendo a través de sus vidas. Hasta la hoja que "murió" habló de cómo era importante saber que volvería a brotar.

Conclusión

Finalmente, regresamos todas a la audiencia y hablamos de diversos aspectos que se habían percibido en el perfil. De forma general, se consideraba un cuando muy optimista, con un profundo sentimiento de compasión hacia aquellos a su alrededor. Nombramos los muchos sentimientos que estaban presentes. Aunque eran optimistas, también eran realistas: el sentimiento de vulnerabilidad e impotencia eran demasiado verdaderos en su ministerio. Yo comenté sobre la madurez del cuadro, ya que el grupo ya había llegado al punto de la reproducción, capaces de pasar adelante su experiencia y aprendizaje, y hasta su propia vida.

Muchos sentimientos no estuvieron presentes: amargura, agresividad, resentimiento. No hubo distinción por el hecho de ser mujeres. Anita habló por todas, como la protagonista, expresando un perfil maduro y compasivo del pastorado, "algo que tiene más sentimiento que lógica", dijo una participante, pero capaz de reproducirse al nivel más íntimo.

La Utilización de la Sociometría/Confrontaciones Terapéuticos en la Resolución de Conflictos Intra-grupales: Consecuencias para Relacionamientos Cristianos,

Esly Regina Carvalho, Ph.D

El artículo que sigue describe una resolución sociométrica de conflictos intra-grupales donde el grupo enfocado era un grupo de psicoterapia. Describe también como esta forma de resolución de conflictos en los relacionamientos podrá ser utilizada en los medios cristianos.

Estudio del Caso

Se trata de una descripción de un pre-test/pos-test sociométrico. El grupo en pauta ya existía por más de dos años antes de este test. Los miembros venían mostrando dificultades en sus relacionamientos uno con los otros. El grupo era compuesto de ocho miembros, donde el octavo miembro (D) había entrado hacia apenas cuatro meses. Dos miembros eran "socios fundadores"; los restantes habían entrado en el transcurso de este período de dos años. Todos estaban en psicoterapia psicodramática y progresando bien.

Cierto día, D entró y informó al grupo que quería salir. Sentía que no estaba mejorando. En los cuatro meses que se encontraba en el grupo no había sido escogido para trabajar una única vez. El grupo le propuso que fuera protagonista de aquella noche y que se trabajase su salida. A medida que el trabajo se fue desarrollando, fue obvio que él tenía muchas cosas para decir a todo el grupo. Se le propuse, entonces, un confronto terapéutico entre él y el grupo, donde podría decir lo que quisiese de una forma constructiva. El estuvo de acuerdo y las reglas fueron fijadas.

En el confrontación terapéutico las partes "confrontantes" se sientan de frente una para la otra (en este caso fue D en relación a todo el grupo, aunque normalmente se hace con apenas dos personas), ojo a ojo, y dicen lo que quieren uno al otro. Difiere significativamente de un juego de la verdad en lo que dice respecto al manejo: al lado de cada miembro que se confronta se coloca una silla (o almohada) de forma que los otros miembros del grupo pueden hacer el rol de terapeutas, i.e. puedan entrar y traducir las emociones que no están siendo dichas claramente (hacer el doble). Muchas veces se dice una cosa y se siente otra... (Por ejemplo, se puede decir, "creo que usted es muy malo", cuando en verdad el sentimiento por tras de esta afirmación es: "usted me hirió con lo que dijo semana pasada y estoy con rabia y resentido. Estoy con tanta rabia que quiero vengarme de usted"). El "traductor" (o doble) debe hablar en la primera persona del singular por quien está hablando, como si fuera el individuo, y debe intentar expresar los sentimientos de quien está hablando (y no sus propias ideas). Quien está en la confrontación puede estar de acuerdo (o no) con la intervención y la conversación sigue a partir de ahí. Una vez que el traductor haya hecho su intervención, se retira del escenario. La confrontación termina cuando ambos están de acuerdo en que se dijeron todo lo que querían expresar o cuando ya no hay ninguna nube en el ambiente. Es importante que cada uno esté entendiendo lo que ocurre u ocurrió en la relación. Muchas veces una reconciliación se lleva a cabo una vez que todos logran entenderse. Otras veces, las experiencias del pasado deben ser apuntadas como material para ser trabajado en futuras sesiones, ya que quedó claro que fueron estos problemas del pasado que les trajeron al conflicto presente. Es común que las partes entiendan que se están reaccionando a esas cosas del pasado en el otro compañero del grupo. Se podría decir que hay tantos finales para las confrontaciones cuanto personas para confrontar.

En este caso, a medida que se desenvolvía la confrontación entre D y el grupo, quedó claro que los otros miembros del grupo tenían algo a decir uno al otro y no solamente para D. Al final de la sesión fue propuesto un test sociométrico, el cual fue aceptado por unanimidad, y D decidió continuar en el grupo durante el test.

En la sesión siguiente, se siguió con el test. Al grupo le fue solicitado que escogiesen el criterio sociométrico: el criterio que daría rumbo a las elecciones sociométricas. Se estipuló que tendría que ser algo que pudiesen hacer en el horario de la terapia, que tendrían que necesariamente cumplirlo en nuestra presencia (este trabajo fue hecho en co-terapia), que tendrían que discutirlo hasta que llegasen a un acuerdo unánime, visto que todos ya que todos tendrían que someterse a él. Ya se había acordado que nadie podría faltar en el transcurso del trabajo.

La discusión del criterio duró bien más que una hora. Al fin, resolvieron que irían comer pizza juntos en un restaurante de la ciudad. Después, gastaron mucho tiempo decidiendo si irían sentar junto a la persona o a su lado; si sentarían todos juntos en una mesa o si en pares, etc.. Según la "solución salomónica" del propio D, decidieron que durante la primera hora se sentarían de dos a dos, y durante la segunda hora, todos juntos; por lo tanto, quedó establecido el criterio: *¿Quien yo elegiría para sentar junto a mí para comer pizza en el restaurante tal, dos a dos en la primera hora y todos juntos en la segunda hora?*

Fueron distribuidas hojas de papel en blanco que deberían dividir en tres columnas; la primera sería para las elecciones positivas (¿quien me gustaría más que se sentase conmigo), en la segunda columna irían las elecciones negativas (¿quien *no* me gustaría que se sentase conmigo?), y en la tercera columna, las elecciones indiferentes (más/menos). El nombre de cada miembro podría aparecer solamente en una única columna, y en orden descendiente. Junto a las elecciones, cada uno debería colocar el porqué o la razón de su elección. En una segunda hoja, cada uno haría el mismo gráfico, pero debería hacer su elección según la consigna, ¿Como creo que fui escogido? y porque/ la razón.

Los datos fueron ingresados en un gráfico de doble entrada (ver Apéndice 1) y se calcularon las *mutualidades* (elecciones hechas entre dos personas con la misma característica) y las *incongruencias* (elecciones con características diferentes), el índice perceptual, el índice de emisión y el índice télico (ver Bustos, 1979). Se hizo también el sociograma de las mutualidades.

En el final de los confrontaciones terapéuticas (les tomó cuatro sesiones), el test fue repetido y los datos nuevamente computados de la misma manera para que se pudiese compararlos. En las confrontaciones fueron trabajados todos los vínculos que presentaron incongruencias, además de un vínculo de mutualidad negativa. (No hubo mutualidad indiferente en este grupo o se hubiera trabajado este también.)

Tele/Sociometría

Pasemos a los conceptos de tele y sociometría. *Tele* es uno de los conceptos desarrollado por Moreno en la elaboración teórica de la sociometría. La palabra viene del griego "a la distancia" y significa *el conjunto de los procesos perceptivos que permiten al individuo una valorización correcta de su mundo circundante* (Bustos:1979). Las personas poseen *tele* tanto en relación a los objetos cuanto en relación unas a las otras. A medida en que la *tele* es distorsionada en la persona podemos comenzar a hablar de transferencia, ya que se puede decir que la transferencia es el estado patológico de la *tele*. Cuando se da cuenta que el otro actúa proyectiva o transferencialmente, esto es un aviso que la *tele* no va bien. Podemos decir también hay *tele* adecuada o inadecuada, en relación a determinados asuntos, personas, u objetos.

La sociometría es la ciencia que mide las relaciones humanas. Es el estudio y medición de los vínculos entre las personas. Es una forma de medición directa y una de las maneras más eficientes de medirse tales vínculos ya que se puede demostrar con datos numéricos, gráficos (sociogramas) o mapas que demuestran claramente el estado de los vínculos grupales.

Discusión de los Datos

Según el índice télico grupal, pudimos confirmar que realmente había necesidad de trabajar los vínculos del grupo, pues este índice se encuentra ya dentro del límite crítico (49%), a pesar de ser un resultado limítrofe (a partir de 50% ya es considerado un resultado adecuado, a partir de 70% es un índice bueno (Bustos, 1979). En el post-test este resultado ya subió para 72%, lo que se considera excelente. Podemos darnos cuenta en el post-test que el número de elecciones positivas aumentó; creció el número de mutualidades, y los índices de percepción y emisión. En los sociogramas (ver los Apéndices III y VI), nos damos cuenta que las relaciones en círculos, triángulos u cuadrados también aumentaron, lo que indica que existe ahora un número mayor de relaciones entre los miembros.

En el primer test, H era la estrella sociométrica (mayor número de mutualidades sin llevar en consideración el tipo de característica). En el post-test, tenemos dos estrellas sociométricas (G y H) y todos los miembros del grupo mejoraron son índices télicos.

Un hecho interesante ocurrió con F. En el sociograma del pre-test ella se le nota como un individuo aislado con índices bajos de emisión y percepción. Sin embargo, ella fue elegida positivamente por *todos* los miembros del grupo. Todas la querrían pero ella no lograba sentirlo o creerlo. Después de sus confrontaciones terapéuticos (tuvo que hacerlos con todos los miembros, ya que tenía una incongruencia con cada uno), su índice télico fue de cero para 57%, y en el segundo sociograma ella no está más aislada, y se la percibía como un miembro integrado en el grupo. (En el caso de que los miembros del grupo no la hubieran elegido tan positivamente, cabría pensar en la posibilidad de retirar F del grupo, especialmente si ella continuase aislada después de las confrontaciones terapéuticas).

Las confrontaciones terapéuticas sirven para aclarar las distintas situaciones y sanar sus relaciones. Muchas personas se dieron cuenta como su percepción estaba distorsionada y comenzaron a trabajar este tema en el grupo. Otros se sintieron aliviados al descubrir que su sensación de rechazo existía apenas en sus fantasías. Otros se dieron cuenta que se habían relacionado con las personas del grupo de la misma forma que lo habían hecho con otras personas significativas de su infancia. Comenzaron a madurar estas formas de conducta de forma que pudiesen desenvolver un átomo social más rico y más expandido.

Consecuencias para Cristianos

Ya dirigí muchas intervenciones sociométricas en grupos (de terapia o no) y nunca dejó de sorprenderme del poder que tiene la sociometría para cambiar la vida de las personas. Es una de aquellas situaciones notables donde la Biblia describe tan precisamente que "conoceréis la verdad y la verdad os hará libres" (Juan 8:32).El test sociométrico suele ser percibido como una propuestas amenazadora, ya que por lo general confundimos verdad con rechazo. Es muy común que las personas se sorprendan al descubrir que son queridas y hasta amadas; y que buena parte de desprecio de las otras personas existía apenas en sus cabezas. En otras situaciones, la animosidad existente entre los individuos puede ser comprendida a partir de las raíces de su pasado: experiencias pasadas transferidas al presente y que son las que causan los conflictos. Una vez que se comprende esto, la animosidad también desaparece.

Eventualmente, encontramos grupos que se deshacen, aparentemente como resultado de la sociometría. Normalmente esos grupos lo harían hecho de cualquier forma (la sociometría no "inventa" conflictos, solo los pone en relieve). En esos casos, el trabajo sociométrico solamente hace que el término viniera de forma más rápida y, quizás, más saludable.

En otras ocasiones, grupos que se encontraban al borde de una ruptura descubren formas de resolver sus conflictos y deciden seguir juntos. Es en estas situaciones que pienso que la sociometría podría dar una contribución singular a la Iglesia. Ya vi muchos grupos romperse sin necesidad, al paso que si hubiesen podido "hablar la verdad en amor" y de una forma eficiente, tales rupturas podrían haber sido evitadas. Fuimos comandados a que seamos uno en el Señor, ("Seréis conocidos por su amor" Juan 13:35), sin embargo, muchas veces fracasamos en este aspecto tan esencial de la vida de la Iglesia.

Mi sugerencia es que se utilice esta poderosa herramienta en nuestras Iglesias. Es verdad que solamente un sociometría bien preparado debe mediar tales conflictos; entretanto, se trata de un test rápido (la elección del criterio y la aplicación del test llevan de 2 a 4 horas en general, dependiendo del tamaño del grupo). Es imposible predecir cuánto tiempo llevarán las confrontaciones. Los resultados del test no deben ser divulgados si no se van a trabajar las relaciones conflictivas, ya que daría una información sin ofrecer el formato debido de resolución.

Cuando comparamos este trabajo a otros métodos de cambios en grupos vemos que es rápido y eficiente, como la exposición anterior intentó comprobar. A pesar de que en este estudio de caso había apenas ocho personas, los tests pueden ser utilizados con un número ilimitado de personas aunque las posibilidades de confrontación crezcan exponencialmente a medida que crece el número de individuos en el grupo. Se debe también llevar en consideración que su uso debe restringirse a grupos que ya estén formados desde hace algún tiempo para que se pueda medir vínculos ya existentes.

Los grupos de Iglesia podrían pasar por esta experiencia como un ejercicio de crecimiento y maduración.

O las confrontaciones terapéuticas podrían, también, ser utilizados en su forma más singular: como un instrumento de reconciliación, para sanar las relaciones entre hermanos/hermanas a fin que podamos reflejar mejor el amor de Dios. Muchas veces dejamos de alcanzar nuestro potencial de amor debido a ideas y fantasías que existen solamente en nuestras cabezas. Vamos limpiar nuestros vínculos y resolver nuestras relaciones: en nuestras vidas y en nuestras iglesias. Seamos verdaderamente capaces de amar al prójimo como a si mismo

Referencias:

Bustos, Dalmiro. (1979) **El Test Sociométrico**. Editorial Alberto E. Fontana: Buenos Aires.

La Santa Biblia. Versión Reina Valera. 1960.

TABLA I
RESULTADOS DEL TEST SOCIOMÉTRICO (1)

	A	B	C	D	E	F	G	H
A	X	7±	6-	7-	6±	5+	6+	7+
B	5-	X	6±	7-	6+	5+	7±	7+
C	7-	3+	X	4±	7+	5+	7+	6+
D	5+	2-	7+	X	1+	4+	3+	8+
E	3+	4+	6+	7-	X	7+	5+	2+
F	6-	5±	5-	7-	6±	X	4-	7±
G	7-	4+	5+	2+	6+	3+	X	7+
H	7+	4+	2+	5+	1+	3+	6+	X
Sum+	3	5	4	3	5	7	4	6
Sum-	4	·	2	4	·	·	1	·
Sum±	·	2	1	·	2	·	2	1
Mut	2	2	4	3	4	0	3	6
Incon	5	5	3	4	3	7	4	1
Perc.	57%	43%	86%	43%	29%	0	43%	43%
Emis.	43%	29%	57%	29%	71%	0	43%	71%
Télic	50%	36%	71%	36%	50%	0	43%	57%

Índice Télico Grupal = 49%

TABLA II
RESULTADOS DEL TEST SOCIOMÉTRICO (1)

	A	B	C	D	E	F	G	H
A	X	7+	3+	7-	4+	5+	6+	7+
B	2±	X	5+	1+	6+	3+	4+	7+
C	7-	7±	X	5+	8+	4+	3+	7+
D	5+	7-	6+	X	6±	7±	4+	7+
E	3+	4+	6+	1+	X	7+	5+	2+
F	4+	5+	2+	3+	6+	X	1+	7+
G	5+	3+	4+	2+	6+	1+	X	7+
H	7+	5+	3+	4+	1+	2+	6+	X
Sum+	4	4	5	3	6	6	7	7
Sum-	1	1	0	1	0	0	0	0
Sum±	0	2	0	0	1	1	0	0
Mut	4	4	5	3	6	6	7	7
Incon	3	3	2	4	1	1	0	0
Perc.	57%	57%	57%	43%	86%	57%	100%	100%
Emis.	57%	57%	71%	57%	86%	57%	86%	86%
Télic	57%	57%	64%	50%	86%	57%	93%	93%

Índice Télico Grupal = 72% (Óptimo)

TABLA III
Sociograma de las Mutualidades (Pre-Test)

H = Estrella Sociométrica
F = Miembro Aislado
△ = Hombre
○ = Mujer

Pares = Cero
Triángulos = 4 (incluyendo las mutualidades negativas: A = H)
Cuadrados = 2 (no incluyendo las mutualidades negativas: C = AHE, C = AHBE)

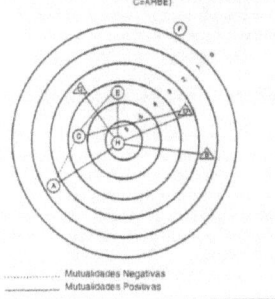

.... Mutualidades Negativas
_____ Mutualidades Positivas

TABLA IV
Sociograma de las Mutualidades (Pre-Test)

H y G = Estrella Sociométrica
Pares = Cero
Triángulos = 11
Cuadrados = 14
Círculos = 3

Perdón y Reconciliación: El uso de la inversión de roles como una técnica sanadora,
por Esly Regina Carvalho, Ph.D.

- Ajá, ¿qué opinas? Crees que puedes perdonarle a Dios ahora?

Se creó un silencio sepulcral en la habitación. Todos tenían sentimientos ambivalentes mientras le acompañábamos en su toma de decisión. Finalmente Juana respiró tan profundamente como si por primera vez saliera del profundo infierno en el que había estado sumergida.

- Síí, supongo que sí. Supongo que jamás lo había pensado de esa manera.

Se volvió hacia la directora que había estado haciendo el rol de Dios y dijo:

- Te entiendo mejor ahora y te perdono por haberte llevado a mi esposo. Te perdono por haberte llevado a mi hijo cuando era pequeñito. Todavía no entiendo todo, pero te perdono, porque no puedo seguir con este resentimiento hacia ti.

Las lágrimas que le brotaron ahora estaban llenas de paz y del deseo de reconciliarse con Dios. "Dios" la tomó en sus brazos y le susurró su amor.

¿Cómo llegó Juana a este punto? Yo había decidido hacer un taller sobre divorcio, separación y viudez. Juana había sido invitada. Su esposo había muerto hacía pocos meses. Otros miembros del grupo estaban casados pero sus matrimonios iban mal, y varios habían sucumbido al divorcio. Habíamos hablado de la importancia del proceso de duelo y el sufrimiento que esto conllevaba, especialmente en los matrimonios que terminaron sin un "entierro" apropiado. Recalcamos la importancia de vivir el sufrimiento vinculado al duelo y la pérdida.

Ya que trabajo con psicodrama, les pedí que dibujaran algo personal y que la compartieran con el grupo. Después del almuerzo, decidimos continuar con ciertos asuntos personales y el dibujo de Juana había sido elegido como uno de los que mejor representaba al tema grupal. Aunque Juana era sólo una de las viudas, de alguna manera ella era el portavoz del dolor, de la muerte y del duelo.

Cuando empezamos a poner los elementos de su dibujo en el escenario, quedó claro que todavía había asuntos pendientes con algunas de las personas que ella había dibujado. Una de ellas era su esposo que hacía poco se había muerto de cáncer. Entre el diagnóstico y su muerte no pasó un año; y como habían estado casados durante cuarenta años, la soledad era terrible. Además, ella había decidido quedarse en el país de él, donde habían compartido sus vidas, ya que este país se había convertido verdaderamente en el suyo.

Le pregunté a Juana si ella quería hablar con él a través del psicodrama. Le expliqué cómo en el escenario psicodramático, todo era posible. Le enseñé como habíamos demarcado el escenario en el piso. Ya nos habíamos comprometido entre todos a la confidencialidad y el compartir la información de forma transparente; ahora nos tocaba embarcar en el peregrinaje de la sanidad. "En el psicodrama podemos ser y estar dónde queramos. Aquí podemos hablar con los que están presentes en nuestras vidas, los ausentes y aún con gente que nunca existió. Si quieres, aquí también puedes hablar con Pablo, tu esposo. En cualquier momento, podemos parar. Yo estaré siempre aquí a tu lado. No tienes que recurrir a este camino sola."

Ella estaba de acuerdo y le pedí que escogiera a alguien del grupo para que fuera Pablo. Ella no conocía a nadie en el grupo, entonces eligió a una persona extraña, pero "casualmente" él tenía muchas de las cualidades que Pablo había tenido cuando estaba vivo. Este fenómeno de "opciones casuales", que son profundamente precisas, es muy común en el psicodrama. J. L. Moreno, el fundador, lo describe como *tele*, una percepción que todos tenemos: la capacidad de percibir y ser percibido cómo somos, o como dice Ann Hale (1981:11) "la corriente emocional que fluye entre dos personas." La *tele* (una empatía emocional bi-direccional) es una abstracción y es responsable por la reciprocidad, mutualidad y cohesión entre los grupos. Moreno define la *tele* como empatía, aprecio, sentimientos hacia la otra persona, la actualización del otro. La *tele* existe cuando la percepción que uno tiene del otro resuena con la percepción que la otra persona tiene de uno, aunque inconscientemente.

Juana describió el lugar donde a ella le gustaría conversar con su esposo y le pedí que arreglara el escenario de una forma fiel a la realidad, con tantos detalles como fuera posible: tamaño, puertas, ventanas, olores, sensaciones, muebles, sonidos, ruidos, etc. La persona que encarnaba a "Pablo" pasó al escenario y le pedí a Juana que le dijera a "Pablo" lo que ella hubiera querido decirle en algún momento, y que, por alguna razón, no hubiera podido. La conversación subsiguiente fue emocionante. Juana compartió su dolor, especialmente sobre eventos pasados cuando ella percibió que él no la había entendido adecuadamente. Juana también habló de los lindos momentos que habían compartido y mencionó como habían enfrentado juntos la muerte de uno de sus seis hijos, el cual murió pequeñito. Sin embargo, había todavía asuntos pendientes, asuntos que no se habían perdonado, y sobre todo, el hecho de que Pablo al morir la hubiera dejado tan sola.

Una vez que ella dijo todo lo que tenía en su corazón, con mucho cuidado le pedí que cambiara de rol con "Pablo". La persona que Juana había elegido para hacer su propio rol vino a ser "Juana", y "Pablo" se cambió de sitio para que Juana pudiera hacer el rol de él. Tomé esa oportunidad para entrevistar a Juana como "Pablo", y le pregunté si "él" había escuchado todo lo que ella le había dicho hacia un momento.

(Juana como Pablo): "Por supuesto que no me sentí feliz de dejarte, pero no había alternativa. Me siento mal al saber que sufre tanto. Yo era muy feliz con ella y ninguno de los dos se imaginó que nuestra vida junta podría terminar tan pronto. Me duele saber que ella tiene tanto resentimiento."

Le pregunté a "Pablo" si él estaría dispuesto a hablar directamente con Juana y abrirle su corazón. (Le pedí al hombre que estaba haciendo el rol de Pablo que pusiera especial atención al diálogo para que pudiera repetir los elementos importantes después.

(Juana como Pablo): "Realmente me da mucha pena que te sientas tan incomprendida y que estés tan triste ahora. Sé que no siempre fui tan considerado como debía. Sé que hiciste muchos sacrificios para que yo pudiera realizar mis sueños y te agradezco inmensamente tu generosidad. Podrías perdonarme por no haber sido lo que hubiera querido ser para ti? Podrías perdonarme por haberte dejado tan sola?"

Le pedí a Juana que volviera a ser ella misma y que escuchara lo que "Pablo" tenía que decirle. Cuando ella oyó a "su esposo" pedirle perdón, sus lágrimas rodaron por las mejillas (y de los del grupo también). Cuando él terminó de hablar, ella lo abrazó y lo perdonó, y a su vez, le pidió perdón también. El silencio era sepulcral mientras las demás personas escuchaban las palabras que iban sanando su alma. Mientras todos compartían pañuelos para secar las lágrimas, yo le indiqué a Juana que "Pablo" tenía que irse. Estaría ella dispuesta a dejarlo ir? Pues el perdón había hecho su obra; brotaron más lágrimas, pero ahora de un duelo sanador, y que la permitieron entregar Pablo a Dios. Ella estaba libre para dar inicio a algo nuevo en su vida.

Sin embargo, cuando Juana había descrito los elementos de su dibujo anteriormente, ella había incluido a Dios, y percibí que había una nota de rencor hacia él. Ella y su esposo habían trabajado como misioneros en el país de origen de él junto a una misión conservadora y, más tarde, la habían dejado para trabajar de una forma más independiente. Su esposo había sido un líder en los círculos cristianos de su especialidad y había hecho numerosas contribuciones a la comunidad evangélica.

El hecho de que ella estuviera un poco resentida con Dios me hizo investigar un poco más. Dios había sido tan importante para ser incluido en su dibujo, pero lo hizo de tal forma que señalaba que esa relación necesitaba reparación. Mientras estábamos todavía en el escenario, le pregunté cómo era su relación con Dios y cuál el significado que Él tenía en su vida.

Me contestó que se sentía un poco traicionado por Él y no entendía bien lo que Él quería de ella, qué estaba haciendo con su vida o de qué forma deberían relacionarse en este momento de su vida. "Hay muchas cosas en las cuales ya no creo, pero Dios es importante para mí y me gustaría tener una mejor relación con Él. No sé cómo. Hay ratos que lo siento un Dios de amor, pero me ha quitado tantas cosas también. Yo creo que un día volveré a estar con mi marido y con mi hijito que perdí tan temprano... pero será que Dios tenía que haberlos llevado? y por qué?"

Le pregunté si quería hablar con Él. Se sorprendió ante mi propuesta, pero decidió continuar. "Entonces, elija a alguien del grupo para representar a Dios." Se volvió hacia mí y me dijo, "Usted", después de haber mirado a los demás en el grupo. Vacilé un poco pues yo estaba en calidad de directora y necesitaba estar pendiente de todo lo que pasaba (y además, quién piensa que *realmente* puede hacer el rol de Dios?). Sin embargo, tuve una corazonada (quizás del Espíritu Santo?) que me decía que debería hacerlo. Yo era la única persona a quien ella conocía en el grupo, quizás la única en quien confiaba? Dejé un cojín en mi silla de director para simbolizar que el director seguía presente y entré en el rol de Dios.

"Querías decirme algo, Juanita? Soy Dios. En qué te puedo ayudar?"

Es importante que esto fuera una exploración emocional de su percepción de Dios. Necesitábamos saber cuáles eran los obstáculos en su comunicación con Dios para poder rescatar esa relación tan importante en su vida. No hay ninguna intención de pensar que un mero ser humano puede hacer justicia al rol de Dios, pero a veces necesitamos que Dios tenga brazos, abrazos y voz humana...

Ella me miró largo rato y de repente se desahogó con tantos detalles acerca de las dificultades que había pasado: situaciones de dolor y mucho sufrimiento. "Y Tú, Tú permitiste que todo esto me sucediera. Hasta dejaste que se muriera mi hijito. Como si esto fuera poco, aún te fuiste llevando a mi marido. Qué más quieres? Qué más vas a quitarme?" Aquí estábamos delante de una mujer muy enojada!

Mientras pensaba en una respuesta, el Espíritu Santo me hizo recordar a Jesús. Normalmente, yo hubiera hecho una inversión de roles aquí, pero de repente, yo *sabía* qué decir.

"Entiendo que estés enojada conmigo. Hay muchas cosas que hago que solo tendrán sentido cuando vengas a vivir conmigo. Y hay cosas que todavía no te las voy a explicar, aún ahora. Pero quiero decirte que entiendo tu dolor. Perdiste uno de tus seis hijos, pero yo perdí mi único hijo. Era el único, pero lo dejé morir, asistí mientras moría, una muerte lenta y dolorosa, quizás más dolorosa que el cáncer que mató a tu hijo. Fue el amor que me conmovió en aquel entonces, y es el amor que me conmueve ahora. Podrás volver a confiar en mí? Puedes confiar esa situación a mis manos?"

Juana se dio cuenta que tenía que perdonar a Dios, no al Dios verdadero, porque éste nunca le había hecho daño, sino al Dios que se había situado en Su lugar, la imagen de Dios que había resultado de sus resentimientos y heridas.

Ahora lo que más importaba era si ella iba a poder perdonar la imagen de Dios que había guardado durante tanto tiempo...?

Ella cayó en los brazos de "Dios", llorando y, a la vez, llorando y, a la vez, pidiéndole perdón. Regresamos al grupo para compartir las experiencias que habíamos vivido entre todos.

Como se puede imaginar, esa fue una sesión de psicodrama muy conmovedora. Cuando lidiamos con asuntos como vida y muerte, resentimiento y perdón, alcanzamos este nivel de dimensión emocional. El verdadero perdón cuesta mucho. Le costó la vida a Jesús. También a nosotros habrá de costarnos algo. Creo que el caso se explica sólo, pero quisiera hacer algunas observaciones finales.

Quizás el ejemplo supremo de la inversión de roles se encuentra en el rol de Dios cuando se hace presente en la persona de Jesucristo. Es interesante notar, (como psicodramatista, y no como teóloga) que la obra redentora de la salvación culmina en la cruz donde Dios invierte sus roles con la humanidad, siente nuestro dolor, nuestros pecados y muere para salvarnos. La resurrección es el sello final que establece nuestro acceso al perdón de Dios. Desde entonces, nada nos puede separar del amor de Dios.

La técnica que hemos presentado, la inversión de roles, es la piedra angular del psicodrama, su joya preciosa. Poniéndonos en el rol del otro, sintiendo lo que siente la otra persona es como podremos aprender a entenderlo: experimentar sus emociones y sentimientos, ver a través de su alma, y comprender sus motivaciones. A veces significa morir para las opiniones que teníamos antes con respeto de la persona y sus motivaciones. No podemos volver a nuestro rol después de una inversión y ser lo mismo. Uno sabe algo que no sabía antes. Quizás podamos elegir ignorar la información (en algunos casos extremos) pero hemos percibido algo nuevo.

En general, después de una inversión, sigue una reconciliación. Las razones para los resentimientos del pasado ya no son válidas (Vea Carvalho & Monteiro: 1990, ejemplo de inversión de roles en un estudio de caso con aborto). Uno de los factores valiosos del psicodrama es proveer un ambiente seguro donde determinadas conversaciones puedan ocurrir. Hay muchos pacientes a quienes se les recomienda que vayan a su casa y conversen con las personas significativas que creen que les hicieron daño, (y puede haber beneficio en esto). Pero hay situaciones donde la muerte o la distancia no lo permiten. Quizás la persona no lo lograría entender. En esas situaciones el escenario del psicodrama ofrece una oportunidad de traer a la existencia tales conversaciones. La cura que ocurre en tales situaciones suele ser permanente e irreversible. Aunque no hayan ocurrido con la persona *real*, se da una conversación "*real*" con una persona "*real*" y con un perdón real y duradero.

Hay otras situaciones donde conversar con la persona real causaría apenas más tristeza y dolor, y no edificaría la relación. Dios nos ha llamado a la paz. Las conversaciones reales en un escenario psicodramático con un yo auxiliar (o la ayuda de otra persona que hace el rol del individuo ausente) pueden resolver tales circunstancias.

En la experiencia descrita arriba, hubiera sido muy difícil a Juana expresar su resentimiento, enojo, y frustración a un marido que ella sabía que estaba muriendo. Habiéndose dado permiso para compartir lo bueno con su esposo mientras moría, el psicodrama y la inversión de roles le dio la oportunidad de compartir lo "malo" con él también, sin causarle daño innecesario. También le dio una oportunidad inusitada de efectuar el perdón y la reconciliación.

Finalmente, yo aprendí mi propia lección: que Dios provee las palabras de curación en el momento en que nos aventuramos en la fe. Dios usará hasta vasos inmerecidos como nosotros, los psicodramatistas, si mantenemos nuestra sintonía con el Espíritu y miramos a nuestro trabajo como el ministerio de la reconciliación.

Psicodrama con Psicóticos:
La re-matrización de la relación padre/hijo,
Esly Regina Carvalho, Ph.D. y
Maria da Conceição Coêlho Krause, M.D.[15]

La internación

El primer contacto con Enrique fue hace dos años y medio, cuando sus padres buscaron ayuda después de una crisis violenta en la cual Enrique agredió al padre. El hijo fue llevado hasta una clínica psiquiátrica y durante la entrevista inicial informó que hace tres años - desde que había visto a Jesucristo y ser iluminado por una energía lanzada por Dios - pasó a ser el portador de una fuerza intensa y ser inmortal. Explicaba sobre su gran poder y su intención de enseñar a todos al fugarse por la ventana del sexto piso y volar...

Los padres, obviamente trastornados, se encontraron impotentes y sin condiciones de mantenerlo en su compañía tomando en cuenta el riesgo de vida que corría el joven. Después de varias horas de atención psiquiátrica, Enrique se puso de acuerdo en hospitalizarse.

Varias cosas se hicieron claras al entrevistar los progenitores: el hijo había sido siempre fuente de tensión y rechazo. Relataron que la única forma de convivencia con él era "dos a dos" (pareja), ya que sentían que el hijo intentaba separarlos cuando buscaba una relación a tres (triángulo). Se mostraban muy asustados con la posibilidad que el hijo estuviera loco, pues siempre había creído que su conducta se debía al hecho que era "vago y malo". Esta conducta "rara" del hijo se presentaba ya a más o menos tres años.

Durante la internación, Enrique recibía atención psiquiátrica diaria, pero rechazaba los contactos con la terapeuta. Su padres, por su vez, estaban siendo atendidos diariamente también, aislados y en conjunto. De a poco,

---

[15] Presentación en el IB Congreso Brasileño de Psicodrama, Águas de Lindoia, SP, 1984

Enrique aceptó conversar y discutir algunas cosas referentes a la medicación y su internación. Durante las entrevistas, tenía la costumbre de alzar el volumen del radio, buscando mostrar las coincidencias entre su pensamiento y las noticias o músicas de la emisora. Acreditaba estar en contacto con el Cosmos; poseía fuerza, inteligencia y capacidades divinas. Lentamente fue aceptando mejor la internación. Llegó a solicitar que la alta no fuera simplemente concedida por la terapeuta, pero que él la pudiese comunicar cuando sentía que estaba listo para enfrentar el mundo externo. La lata se dio un mes después de la internación inicial. Enrique pasó a ser atendido dos veces por semana, aceptando el ser visto por la unidad funcional (ambas terapeutas, en psicoterapia psicodramática).

En la casa

Los padres habían sido remetidos a terapia individual un poco antes del alta hospitalaria del hijo. La madre empezó a amenazar al padre con la separación matrimonial, por sentirse relegada en cuanto al hijo. Se rehusaba a someterse a la psicoterapia familiar, diciendo que tenía miedo de morir (tenía un problema grave cardiaco) ante una situación que la causaba tanto estrés.

Con la creciente mejora de la relación padre/hijo, la madre empezó a temer que la terapeuta del hijo "la destruyese", alejando el marido y el hijo de ella. Empezó a amenazar al marido, intentando persuadirlo que volviera a internar al hijo en otro sitio. Ante a la rehúsa del padre en hacerlo, ella misma se hace internar en una clínica de reposo y se somete a un tratamiento para personas "estresadas".

Mientras tanto, padre e hijo se quedan juntos en su casa y logran un mayor acercamiento. En uno de estos momentos, Enrique dice al papá que tenía la sensación que la causaba mucho daño a la madre, ya que la madre desde su infancia le acusaba de esto. El padre le "absuelve" al hijo, explicándole que la pareja siempre había tenido dificultades en su relación, y reconoció el rol de "chivo expiatorio" que había sido atribuido al hijo.

La madre vuelva al hogar, y la pareja empieza da discutir su propia relación. Finalmente, los tres juntos logran salir a un paseo en conjunto y conversan de trivialidades en un ambiente relajado y tranquilo.

En una de las sesiones de Enrique, él trae la vivencia de la noche anterior donde sus padres habían salido solos para celebrar el aniversario de sus bodas. Por la primera vez desde que había sido internado, los padres durmieron juntos. (Antes, uno de ellos había estado siempre pendiente del hijo.) Sólo en su recamara, Enrique "intentó entrar en contacto con su mundo cósmico", y corre desesperado al cuarto de sus papás. Revive la escena y percibe que, al sentirse sólo, había intentado buscar la compañía de un amigo imaginario. Desde entonces, empieza a traer a la sesión su deseo de tener su propio departamento, cosa que los padres le desanimaban ya que pensaba que él todavía no tenía condiciones de vivir sólo.

Después de varios meses, dice a las terapeutas que quiere dejar a la psicoterapia, pero acepta regresar después de un mes para una re-evaluación. Nos informa que quiere un tiempo para intentar solucionar sus crisis y dificultades sin la unidad funcional.

Enrique regresa después de un mes y se le ve aliviado y tranquilo. Nos informa con enorme satisfacción el hecho de haber podido resolver sólo algunas dificultades escolares y profesionales. A la vez, percibe su dificultad en la relación con su padre y pide que hagamos algunas sesiones en conjunto con su padre.

Terapia vincular padre/hijo

Programamos varias sesiones para los dos, todas caracterizadas por un alto nivel de tensión. En ellas, Enrique cuestiona el amor que siente su padre por él. Le dice que desea demostraciones de afecto del padre por él, y como no logra sentir que el padre le da eso, solicita al padre que le ayude sentirlo. En un determinado momento, cuando se confronta con el padre, Enrique le informa que su "crisis" había ocurrido porque se sintió tal manera rechazado por el padre, y, a la vez, "parte" del progenitor, que había intentado agredirse a sí mismo en un intento de hacer daño al papá. Enrique presenta un "insight" sumamente significativo cuando le dice al padre, "Nunca más, papá, voy agredirme para ver el dolor en tu rostro. Si tu no me amas, o no me aceptas, yo sé que voy a sufrir, pero voy seguir adelante con mi vida, y tú con la tuya, porque yo no soy un pedazo de ti."

Desde esta sesión, la relación padre/hijo mejora sensiblemente: salen juntos, a veces acompañados por la madre. Enrique empieza a crecer profesionalmente, mejora su relación con sus amistades, y recibe invitaciones para ir a las fiestas. Las siguientes sesiones ocurren en un campo mucho más relajado. Enrique empieza a discriminar las diferencias y semejanzas que tiene con el padre.

En una de estas sesiones, los dramatizan una historia donde Enrique es un caballo joven y el papá es un caballo viejo, pero muy respetado. Durante la inversión de roles, logran percibir mejor las dificultades propias y las del otro. En cada sesión subsiguiente, se percibe una mejoría significativa en la relación de ellos y el campo se vuelva relajado y afectivo.

En otra sesión, se les pidió que hiciesen una imagen con las almohadas de su vínculo. Cada uno lo hizo en la ausencia del otro. Las imágenes fueron idénticas. Durante los comentarios, observaron que cuando hicieron la inversión de roles, habían podido sentir al otro como un ser individual, distinto de uno mismo. Sintieron que las metas de la terapia vincular habían sido alcanzadas. Enrique pasa a terapia de grupo, y en su primer trabajo en el grupo, crea una historia (de la cual todos participan) acera de dos niños que salen de la casa para conocer los misterios de la floresta, y terminan la sesión con un gran encuentro grupal.

Comentarios

Nos guiamos en este trabajo psicoterapéutico por los conceptos de la Matriz de Identidad (Moreno). Nuestra comprensión era que se debería intentar una re-matrización de las relación entre los miembros de la familia, al menos con los que aceptaron trabajar juntos (padre e hijo).

En el inicio, pudimos percibir la persistencia del anillo de ligación entre la madre y el hijo, la cristalización de las "relaciones en corredor" (dos a dos) en los tres miembros de la familia. Esta fijación en la segunda fase de la matriz de identidad y la falta de elaboración de esto se volvía aún más evidente en los síntomas que Enrique presentaba al tener delirios de exaltación, fuerza y grandeza. Su soledad por no lograr entrar y interactuar con un Tu real, le impulsaban a fabricar un "Tu" delirante.

La familia hizo un intento de comunicación sociométrica tríadica, pero tales experiencias traían consigo una amenaza de la pérdida de "mi Tu", protagonizado por la madre, que llega a transferir este sentimiento a la terapeuta de su hijo, cuando teme ser destruida por la terapeuta.

Poco a poco, caminan en dirección hacia el otro, experimentando y vivenciando la inversión de roles, alegrándose con la percepción de la "tele concretizada" en los imágenes complementarias que construyen padre e hijo en las sesiones conjuntas.

Enrique desea partir hacia el encuentro con el "Ellos", y el encuentro tiene un sabor real del "nosotros" ejemplificado en su primer sesión de grupo: se vuelve el protagonista de un cuento de hadas (Hansel y Gretel) cuyo tema les lleva salir de la casa de sus padres (Matriz de Identidad) para encontrarse en la floresta encantada (realidad objetiva).

Referencias:
- Moreno, J.L., *O Psicodrama.*
- Fonseca Filho, J. *Psicodrama da Loucura.*
- Bustos, D. *O Psicodrama.*
- Rojas-Bermúdez, J. *Introducción las Psicodrama.*
- Chamma, C.M. *Matriz de Identidad: La Familia como un Sistema - Una Lectura Psicodramática del Proceso de Aprendizaje Emocional del Niño.* (Monografía inédita, en portugués).

Esly Regina Carvalho es psicóloga brasileña, doctora en psicología, con especialización en psicodrama y EMDR. Recibió su grado de psicóloga en Brasilia en 1980, y su certificación como Supervisora de Psicodrama en 1988. Ella terminó su maestría en Psicología en 1987, por la Universidad de Brasilia, defendiendo su tesis sobre *La Estructura Sociométrica de Familias Alcohólicas: Un Estudio Exploratorio* (en portugués). Posteriormente, recibió su registro en los Estados Unidos como *Licensed Professional Counselor*, en el estado de Colorado (#1653), y su acreditación (1995) como *Trainer, Educator and Practitioner in Psychodrama* por el American Board of Examiners in Psychodrama, Sociometry and Group Psychotherapy, pasando sus exámenes *con distinción*. En 2005, fue nombrada Trainer of Trainers de EMDR - *Eye Movement Desensitization and Reprocessing*, por el EMDR Institute, una forma innovadora de trabajar los traumas y recuerdos dolorosos. Durante 6 años (2007-2013) fue presidente de EMDR Iberoamérica. En el II Congreso Iberoamericano de EMDR, presentó un trabajo sobe la integración de Psicodrama con EMDR.

Durante muchos años, la Dra. Carvalho mantuvo una práctica privada en Quito, Ecuador, donde todavía se ofrece formación en Psicodrama y Sociometría (Campus Grupal) en convenio con la Asociación de Psicodrama y Sociometría del Ecuador (APSE). Actualmente, vive en Brasilia, después de varios años en la región metropolitana de Dallas, TX (EUA), coordinando el trabajo de la Plaza del Encuentro. Ella es casada, tiene una hija casada y una nieta, con quienes le gusta disfrutar de la vida en familia.

Si le gustó este libro, deje un comentario en Amazon para que otros lectores puedan beneficiarse de su opinión.

Más recursos y libros:

Sanando la Pandilla que Vive Adentro, por Esly Regina Carvalho, EMDR Treinamento e Consultoria Ltda.

Juegos Dramáticos para Cristianos, por Esly Regina Carvalho, Ph.D., Plaza del Encuentro

Bibliodrama, por Esly Regina Carvalho, Ph.D. Plaza del Encuentro.

Cuaderno de Oración, por Esly Regina Carvalho, Ph.D, Plaza del Encuentro

Cuidemos de Nuestros Líderes, por Esly Regina Carvalho, Ph.D. Plaza del Encuentro

Cuando se rompe el vínculo, Esly Regina Carvalho, Ph.D., Kairos Editora.

Alas de Sanidad, Esly Regina Carvalho, Ph.D. Casa Creación.

Compañeros de Yugo, Plaza del Encuentro.

Curación Emocional en Máxima Velocidad, por David Grand, Ph.D., EMDR Treinamento e Consultoria Ltda.

Libros de EMDR – Eye Movement Desensitization and Reprocessing (Desensibilización y reprocesamiento por medio de los movimientos oculares).